U0695755

妈妈有智慧
孩子才有内驱力

你的养育问题都有答案

刘薇◎著

团结出版社

图书在版编目（CIP）数据

妈妈有智慧，孩子才有内驱力：你的养育问题都有
答案 / 刘薇著. —— 北京：团结出版社，2023.7
　　ISBN 978-7-5234-0267-2

　　Ⅰ.①妈… Ⅱ.①刘… Ⅲ.①家庭教育 Ⅳ.①G78

中国国家版本馆CIP数据核字(2023)第133340号

出　　版：团结出版社
　　　　　（北京市东城区东皇城根南街84号 邮编：100006）
电　　话：（010）65228880 65244790
网　　址：http://www.tjpress.com
E-mail：zb65244790@vip.163.com
经　　销：全国新华书店
印　　刷：河北盛世彩捷印刷有限公司
装　　订：河北盛世彩捷印刷有限公司

开　　本：145mm×210mm　32开
印　　张：7.5
字　　数：144千字
版　　次：2023年7月　第1版
印　　次：2023年7月　第1次印刷
书　　号：978-7-5234-0267-2
定　　价：59.00元

（版权所属，盗版必究）

序

刘薇不仅是一个自己活得很美好的人，同时也是一个能把身边的人际关系处理得很好的人。

她的先生黄淳是一个很有家庭责任感的人，当年为了家庭而放弃了更大的歌手舞台。

她的女儿糖糖是一个很有天赋的孩子，小小年纪就学会了各种乐器，而且演讲能力已经远超同龄人。

她的事业搭档，随便拉出一个，都是与她相处超过10年的人。这在当下如此浮躁的创业时代，实属罕见。

我见过很多优秀的人，但是能同时把夫妻关系、亲子关系、事业关系都经营得非常温暖的人，实在是少之又少，而这本书的作者——刘薇算一个。

关于她，我想用三颗"心"来跟大家具体分享一下。

第一，她有一颗恒心

我们两个之所以会结缘，一切都是因为她参与了我发起的1000天演讲打卡挑战。

每天录制3分钟的视频，写500个文字，连续1000天在晚上12

点之前把作业发给我。

这项挑战，她做到了，而且做得非常好。

她不仅自己打卡，还带领女儿和同事们一起打卡。

这种恒心所折射出来的影响力，真是太漂亮了。

第二，她有一颗热心

2023年4月20日，我打电话告诉她，希望能参加4月22日东莞马拉松比赛，因为马拉松比赛很火爆，很难报上名，所以我想拜托她帮我报名。

在刘薇和黄淳先生的努力下，我顺利参加了东莞马拉松比赛。

相比我的跑步比赛，她在接到我电话后48小时内，为我参加马拉松报名的事而跟时间进行的比赛，更让我难忘。

时至今日，我已经参加了几十场全国各地的马拉松比赛，但是如果有人问我最难忘的比赛是哪一场，我一定会说是东莞这场比赛，倒不是因为比赛热烈，而是因为刘薇的热心。

第三，她有一颗善心

我在2020年出版了新书《演讲力：掌握人生关键时刻》，她第一时间就联系了我，希望我能到东莞塘厦举办一场讲座。

我问她为什么要举办这场活动。

她说，很多创业者都需要提高演讲力，但是东莞这样的好活动太少了，她希望借此机会，提高更多人的演讲力，而讲座所有的费用都由她来承担。

我被她的善心感动了，马上就答应了她。

而她的行动力也很强，马上对接了塘厦文化服务中心、塘厦文联、塘厦女企业家协会等组织机构，一起联动把这场活动做得有声有色。

　　整场活动下来，她出钱、出力、出心，为东莞塘厦奉献了一场精彩的活动。那一刻我终于明白，为什么她能在这片热土上创业成功……

　　这就是我心中的刘薇，一个几乎可以用所有美好的词语来形容的创业女性。

　　她也将在这本书里跟读者分享更多关于她的美好，希望她的故事能温暖读者、点亮读者、感动读者……

许晋杭

2023年7月18日

深圳市宝安区梧桐岛

打开家的时空胶囊，感受传承的力量

亲爱的妈妈：

您好，我是您的女儿！

以前上学时给您写过小纸条、日记、手写信，今天我依然想用写信的形式告诉您：谢谢您做我妈妈已经15330天。

在18岁以前，您一直在我身边，童年里所有的成长您从未缺席过。甚至因为我和姐姐学习钢琴，您放弃了自己的业余时间，除了上班，就是在家陪我们练琴。那个时候您和爸爸带我们去上课，和我们一起参加演出和比赛的场景，至今都能在我脑海中浮现出来。都说幸福的人，是用童年治愈一生，因为有您，我的童年充满了幸福感。

18岁以后，突然发现我身边不再有您的身影，以前事事都陪着我的您突然放手了。我开始第一次独自出门去北京考学，第一次来到陌生的城市上大学，又从北到南去工作、去创业，虽然独身一人，但身后仿佛总有股力量在推动我。

您生日的时候，我发过一个朋友圈，里面的每一句话都是您曾对我说过的。

"你可以的，妈妈相信你！"，这句话是您至今对我说过最多的一句话。您知己般地信任我，在我发展好的时候，认可我；在我受挫的时候，支持我，这对我来说是巨大的力量源泉。

　　在心理学中，有一个著名的"罗森塔尔效应"，罗森塔尔效应认为权威的期待可以强有力地影响一个人。权威，就是有权力、有威望、有资源的那一方，对我们每个人来说，最原始、最重要的权威是父母，所以您对我的期待让我很自信。

　　自信也是一种自我实现的预言，因为您相信我，所以我常常能在人生的关键时候爆发出力量。因为您对我的这份相信，已经内化到我的心中，让我相信自己。您的相信，让今天的我独立自主，敢闯敢拼，能够按照自己的意愿过一生。

　　谢谢妈妈，感恩您对我深深的爱，让我也能学会爱自己，而当我爱自己的时候，也会有更多的爱分享给身边人。

　　曾有一段时间，我的名字频频在朋友们的朋友圈里出现，很多朋友感谢我帮助她们成长，看到她们的分享，我深受触动，也备受鼓舞，原来"利他"会源源不断给我力量，让我不断去反思"我是谁""我能为别人提供什么价值"。

　　我也经常思考您给我起名字的初心是什么，想传递给我怎样的生命意志。我生命的潜流，又带着怎样的文化潮汐和精神底蕴？

　　问了您，我才知道，我的名字是您请家族里学识最渊博的舅爷取的。他是学校的校长，还是数学造诣很高的人。我特地打了电话询问舅爷，他告诉我"薇"字的出处，来自《诗经·采薇》，"采薇采薇，薇亦作止。曰归曰归，岁亦莫止"，这个"薇"字意指秀气多才，清雅伶俐。

听完后，我觉察自己不属于一眼万年的美，但五官精致小巧，再加上在通往多才多艺的道路上一直努力，的确是"秀气多才，清雅伶俐"。原来，无意间，我活出了最好的样子。谢谢妈妈，您的爱，这份温柔又深沉的情感，让我能够活出自我。也想要前瞻生命的走向，去重新审视和设计自己的人生课题，活出生命的开阔。

养儿方知父母恩，谢谢妈妈把我带到这个世界上，感恩妈妈一路坚持让我琴路不断。我也经常解答家长对于学琴和教育上的困惑，分享到朋友圈后，收到很多朋友的点赞和回复。于是，我想要用文字给更多人提供帮助，因为目前关于学琴道路上的答疑解惑太少，如果我可以帮助更多人，就会有更多学琴的孩子能够坚持到底，这也是我写作的初心，也是妈妈带给我的力量。

细节会被忘记，记录会成为历史，一旦成为历史，就价值连城。亲爱的妈妈，我已经成为您的骄傲，接下来我想努力成为家族的荣耀，让家庭走进家族历史。因为您，我们这一辈能够感受叶与根的情意，也努力激发下一代去思考。

《慢养：给孩子一个好性格》的作者黑幼龙说："孩子，传承父母的不只是血浓与水的血脉关系，更重要的是一个家庭的价值观，随着岁月流转保留了下来。"

教育，是用生命影响生命的旅程。谢谢妈妈给予我爱的滋养，让我想要分享更多。在家的时空胶囊中，有着一代代的生命传承后，生命的质感也会更加厚重。

✳ ✳ ✳

亲爱的糖糖：

你好，我是你的妈妈！

虽然我在朋友圈里经常发你的成长历程，微博里记录你的点滴，打卡1000天的文章里一直有你的身影，但是给你写第一封信的时候，我当你妈妈已经2555天了。

"生孩子就像开盲盒"，每个人面对"成为妈妈"这件事，可能都经历过怀疑、不安、憧憬与好奇；也在成为妈妈后，经历过兴奋、烦躁、焦虑与迷茫。女子本弱，为母则刚，我也一样，我不是因为优秀才成为你的妈妈，而是在成为你的妈妈之后，变得越来越优秀。谢谢糖糖，让我成为你的妈妈。

我常常在思考：最理想的亲子关系是怎样的？

也许每个人的答案都不尽相同。但是，爱和陪伴，应该是毋庸置疑的因素。而"陪伴"，绝不仅仅意味着单纯地共处一室，而应该是一起体验心流的共鸣。

如今时代对好妈妈的定义，和过往的时代有着显著的差别。好妈妈绝不是对自我的放弃和无条件奉献全部时间精力。

好妈妈会是个精力充沛的妈妈，知道如何去自我引导和调节；

好妈妈还是个有信念和做好基本知识储备的妈妈，掌握方法，去和孩子一起学习成长；

好妈妈还会有能力协调家庭和外部资源，意识到育儿是团队协同工作，并能够有效主导协同。

所以，现在的好妈妈，需要让自己内心强大，不停去学习和蓄积帮助孩子成长的能力。

我一直努力成为你的好妈妈，也很享受其中的乐趣。每次妈妈问你：现在你最喜欢什么？你的排行榜每次都不一样，但是每一个兴趣都当过榜上第一名。阅读、芭蕾、美术、小提琴、英语、逻辑、讲故事、游泳、象棋、钢琴，每一个兴趣都是你自己选择的，每一个兴趣你都很专注。

我还记得你人生中第一次小提琴比赛，你的身高终于达标，能进场聆听你人生中第一场交响乐音乐会，第一次和妈妈在慈善音乐会上一起表演。那些回忆好像就在眼前，每每想起，作为妈妈，我内心的感动就无法用语言来形容。无论我曾经对4岁的你展开过什么样的想象，你都已经超越，你的每个爱好也有了结果。

而我能做的是努力保护好你的兴趣，营造你喜欢的氛围，支持你充分地体验生活，因为对我最重要的，糖糖，不是你是否有成就，而是你是否快乐。很高兴能陪你一起长大，陪着你，我也很快乐。

这样，真好。成为你的妈妈，真好。

糖糖，我的女儿，你是我生命中永恒的惊喜。

目 录 CONTENTS

妈妈有智慧，孩子才有内驱力

1

重塑关系：通过音乐
重新认识自己，认识孩子

>>>>>

好的亲子关系，大于所有问题

从事了20多年音乐教育，这些年遇到了家长朋友们各种各样的问题，一方面是关于音乐教育上的问题，比如怎么选乐器？怎么选老师？怎么让孩子坚持练琴？另一方面是教育的问题，比如孩子没有专注力怎么办？爱和家长抢手机，担心会有不好的影响怎么办？孩子拖拖拉拉地写作业，陪他写作业让亲子关系很紧张，不陪伴又没有办法，怎么办？

这些问题中不断出现的高频词是什么呢？是"道理""怎么办""不听"，如果用一句话来概括家长们的问题，就是"孩子不听话，怎么办"。可解决了一个怎么办，又有下一个怎么办在等着我们，我们总不能一直充当灭火队员，为灭火随时准备着。如果一直在灭火，那得有多累人。

我们需要做的是透过表面现象去探寻本质，教育孩子真是由一个又一个问题组成的吗？教育孩子的方式就是不断去解决问题吗？肯定不是，那又是什么？

从成立艺中艺术教育开始，我就开始看大量的教育类书籍，所有的日常工作也都是在努力解决家长们最实际的问题。我和我的团队小伙伴每天面临着家长各种问题，分享的越多，解决的问题越多，我越来越有一种强烈的感受：家长们被压力和焦虑裹挟着。

我在阅读大量的育儿类书籍，不断地学习专业理论和实践之后，就有了以下的金字塔模型。这个金字塔模型，是基于我这十几年的学习、思考，更是从我育儿生活中的点滴践行中演化出来的架构。

第一层是生理需求的满足。在亲子关系中，孩子生理需求的满足是最基础的需要，当孩子的生理需求被父母即时满足的时候，孩子会和父母建立良好的依恋关系，这对孩子一生的成长至关重要，也是孩子生命能量的积淀。

第二层是关系力。一切美好事物都是深度关系的产物，只有当你和孩子关系好，你和孩子之间才会产生更多的合作、创造，孩子也能在这段美好的亲子关系中，不断地去探索自我，发现自我。所以，如果你没有太多的时间陪伴孩子，那也没有关系，只要提升陪伴的质量，让情感连接更紧密，孩子也会身心健康，自然成长。

第三层是榜样力。当你和孩子培养好了亲子关系之后，接下来，我们需要去思考，孩子的培养方向是什么？现实是你可能计划了很多，但孩子另有计划。所以最好的教育方式是在孩子心中树立榜样，当你成为更好的自己，孩子自然会拥有向上的力量，他自然会找到自己，努力向他喜欢的方向发展。

第四层是自驱力。当拥有前三层力量的承载，孩子的自驱力才会自然而然地显现。每个生命都有向上的内驱力，孩子也是一样。让我们满足孩子的生理需求，和孩子建立良好的亲子关系后，我们成为喜欢的自己，孩子自然也找到他渴望的方向，并为之努力。

让我骄傲的是，每次当我跟家长朋友们去分享这样的架构必须去解决问题的时候，妈妈们的反馈是"真的很有用"，这样的架构也能够去解释教育过程中各种各样的问题。

在育儿中最重要的到底是什么？美国著名亲子沟通专家、"平和式教养法"创始人劳拉·马卡姆博士曾说过："育儿中要把80%的力气，花在搞好亲子关系上。"

确实，亲子关系大于所有问题。

很多家长在不知道怎么办的时候，会把教育看作一种操作，只要怎样，就能怎样。但其实我们要转换自己的思维方式，关注最重要的部分，就能够解决大部分问题。

管理学家理查德·科克说："在因和果、努力和收获之间，普遍存在着不平衡关系。典型的情况是80%的收入来自20%的努力，其他80%的力气只带来20%的结果。"这样的结果就是帕累托法则，即80/20法则。

最重要的只占其中一小部分，约20%；其余80%尽管是多数，却是次要的。这种不平衡性在社会、经济及生活中无处不在，这就是二八定律。我在教育中用得最多的也是二八法则。

很多家长需要工作，其实陪伴孩子的时间真的不多，那么仅有的一点时间，如果你拿来去解决各种各样的问题，那无疑很低效。如果你把这20%的时间投资在亲子关系上，给孩子质量很高的关注和陪伴。那么孩子会非常依恋你，想要和你去沟通。

而我们对于自己的20%的投资又需要花在哪里呢？那就是需要做好自己，成就自己。因为当我们做好自己的时候，就会来到亲子关系的第三层：榜样的力量。

我们会发现孩子从来就不太听大人的话，但是大人做什么他们就学什么，发展心理学告诉我们孩子是通过模仿来学习的，孩子会模仿什么人呢？就是和他关系好的人。你是个什么人，你跟孩子关系怎么样，比你对孩子怎么做要重要得多。

我最推崇的"游戏力"育儿理论的创始人科恩博士也一再强调："大部分育儿问题，都是亲子关系中的情感联结没有做好，而亲子联结的好坏，会对孩子未来的学习、生活、成就乃至社交都产生影响。"

所以，教育的本质应该是维护好一段亲子关系。也就是说，把你最重要的时间和精力，用在与孩子好好培养感情上。

【能量加油站】

我们来回顾一下今天的关键知识点：

第一，亲子关系大于所有问题，你跟孩子关系怎么样，比你对孩子怎么做要重要得多；

第二，在亲子关系中运用帕累托法则，把80%最重要的时间和精力，用在20%最重要的事情上；

第三，教育的金字塔模型，第一层是生理需求的满足，第二层是关系力，第三层是榜样力，第四层是自驱力。

我们为什么要学习音乐

教育，最重要的不是知识的传授，而是心性的养成。每个家庭都是一个审美空间，而妈妈就是这个空间的引领人。和孩子一起感受美，发现美。

每个孩子的成长史就是他的审美体验史，视觉的、听觉的、味觉的、触觉的、嗅觉的体验，造就了他对艺术乃至整个生活的品位和品质，这其实是对幸福的感知，而这个体验和成长环境，尤其和妈妈的引导密不可分。

作家梁晓声说："民族和民族的较量，也往往是母亲和母亲们的较量。"这个较量到底在拼什么？拼的是人生功底，不是书和理论，而在生活的细节里。是春风徐来，润物细无声地陪伴，和孩子一起置身其中，欣赏音乐、欣赏生活、欣赏彼此，这个世间最美的存在，是通过我们创造的奇迹。

每个孩子都有自己的精神内核，我们激发孩子的原动力，会比教授他知识更有效。音乐永远是一个我们发现自己是谁的重要渠道。

一位科学工作者曾说："我的幸运之处是，音乐成了陪伴我一生的玩具，即使在我高中学习最紧张的时候，每天也雷打不动地练琴两小时，直到今天，我还能保持练琴的习惯。我投入地欣赏音乐，被它打动。我想这会是我一生的享受和乐趣，这种享受不是人花点钱，瞬间就能获得的。"

买了音乐会最贵的票，不等于你能立即听懂贝多芬。再有钱、有本事，这种欣赏音乐的能力，孩子也没法从父母那里直接继承。我们每个人必须经过很长的时间，慢慢培养，把听觉的"味蕾"打开，才能体会到音乐的好。

就像一位妈妈说的那样："我让她去尝试学音乐，学一门乐器，只是想让她发现自己的兴趣，然后做一个有兴趣爱好的人。将来当她工作不顺心，被上司批评，甚至失去工作时，有一个找回自信，再次鼓起勇气面对生活的方式。

"当她跟曾经相爱的人分手，痛苦不堪、肝肠寸断时，有一个可以让自己平静下来的方式。

"当她结婚生子，有一个属于自己独特的陪伴方式，去和孩子享受亲子时光，用自己对生活的热情去感染孩子。

"当我依依不舍地离开这个美好的世界，她会有一种纪念我的方式，哪怕思念撕心裂肺，嘴边也能挂着我所希望的微笑。当她慢慢老去，孩子们远去，追寻自己梦想的时候，她能用自己的音乐，去充实那些漫漫时光，最终过完大半辈子。

"当她挚爱的老伴先她一步走向天堂，她有属于自己思念他的方式。也许她一辈子都在音乐上造诣不深，也许她一辈子也不会成为一个名人，也许她一辈子都不能靠演奏音乐赚钱，但是我相信，音乐会让她不论面对什么困境，都能重新找回自己的灵魂，这就是我花钱送她去学琴的原因。"

我们这一代家长，受到各种新型开放式的教育理念的影响，想做到最好，给孩子最好，又深深感到自己所受到的局限，所以一直学习，也逐渐蜕变。在帮助孩子们探索生命宏大主题的成长过程中，用音乐、艺术、自然和生活，给他们充足的空间和自由的呼吸的同时，我们也在成长。

我们和孩子像是人生事业的合伙人，走在这条"不求回报"的创业路上，合伙人的信任、共同的价值观是事业进步的保障。

音乐是一份礼物，我们打开礼物的方式，就是用心去感受一起听音乐的时光，和孩子随意闲谈的时刻，自然中的美妙声音，这些都会成为看不见的印记，留在我们的心底，引导孩子的人生，滋养彼此的心灵。

【能量加油站】

我们来回顾一下今天的关键知识点:

为什么我们需要学音乐?因为音乐是一个让我们能够发现自己是谁的重要通道,无论面对什么困境,我们都能通过音乐找到自己。

如果让孩子从小学音乐,那些音乐会抚慰孩子的心灵,人性进化得很慢很慢,无论孩子向前走多远,那些久远的音符还会带孩子走过生命的坎坷和艰难,赋予孩子重新向前的力量。我们陪伴不了孩子的一生,但音乐可以。

✺ 妈妈有智慧,孩子才有内驱力

好的音乐教育，是教给孩子爱上音乐的能力

　　手机收到一条信息："亲爱的，有空帮我听一下，这位老师弹得怎么样？这是给我小孩上课的钢琴老师。"信息后面，是一位老师的弹钢琴视频。

　　我经常收到朋友发给我类似的视频，让我评价一下老师弹得怎么样。大部分朋友发的视频都是自己偷偷录的一段，一听就是老师随手的弹奏。如果想要录制老师弹奏可以明确跟弹琴老师沟通，或者找老师公开发表出来的视频或音频，这样会更真实。

　　但很多时候，我们太在意学音乐的术，而忽略了学音乐的道。很多家长在意要挑什么样的乐器，要找什么样的老师，要怎么去考级，这样的认知会让孩子走上一个学琴的"苦海无涯"之路，孩子要么痛苦地放弃，要么痛苦地坚持。

　　好的音乐教育是教给孩子爱上音乐的能力，孩子如果自己喜欢音乐，那么坚持就不是特别困难的事情。怎么做呢？

1. 选择大师经典音乐，好好"浸泡"

　　一个孩子在走向音乐、学习乐器之前，至少要"见过高山"，

才能够做到"高山仰止"。聆听音乐，聆听经典，聆听一件乐器的音符与旋律，聆听几件乐器之间的奇妙呼应与醉人的和声，习惯于被音乐的魅力自然吸引。在一位好老师的指引下，多听、多学、多了解，进而形成主观的选择与深入，发自内心地热爱音乐、亲近音乐，这才是孩子与音乐结缘，并且能够掌握一件乐器的最适当前提。

给孩子听什么样的音乐，就熏陶出什么样的心性。对于刚开始学钢琴的孩子来说，那些动听的乐曲，旋律较为复杂，所以到他们学的比较晚的时候才会接触到。他们早期接触的都是一些练习曲，这些曲子旋律简单、枯燥、无味。

普通家庭学音乐，买钢琴，加上请老师一年10万—15万的花费，如果孩子一开始就去学基本功练习曲，孩子会想不通为什么要练习这么枯燥的东西。而你也会很痛苦，为什么花了那么多的时间和钱，孩子还不喜欢音乐。

所以在家听什么，就变得非常重要。如果能让孩子知道通过枯燥的训练，将来可以有一天演奏出这么棒的音乐，这对他内心来说是一个相当大的激励。

多听听大师的经典，比如说柴可夫斯基、肖邦、施特劳斯、贝多芬、莫扎特、勃拉姆斯等的曲目，或者阅读音乐评论家刘雪枫所著的《给孩子的音乐》这本书，书中精选了320首西方古典音乐名曲，你可以和孩子一起听，从聆听到热爱，为孩子敲开古典音乐世界的大门。

2. 从音乐里，听出孩子的偏好

音乐有4个不同的维度：旋律、节奏、音色、和声。孩子对这些维度的敏感度不同，如同每个人有自己喜欢的口味，有的人喜欢吃川菜，有的人喜欢吃徽菜，而有些人喜欢吃淮扬菜。

曲子好不好听，一般指的是旋律。如果你的孩子更喜欢柴可夫斯基、肖邦、德沃夏克的音乐，说明他对旋律是比较敏感的。如果你的孩子喜欢施特劳斯的圆舞曲，或者一些节奏感非常强的音乐，你可以让他学架子鼓，开发孩子的节奏感。

如果孩子每次听到不同乐器声音的时候，表现出来很沉迷，比如大提琴的低沉深邃，小提琴的激情高昂，长笛的悠远绵长等，说明孩子对这件乐器的音色特别敏感。如果孩子喜欢听和声，也就是不同乐器组合出来的音响效果，那么他可能拥有成为指挥的天赋，因为和声在音乐中是主管音乐情绪的。对和声的敏感，来自听觉深层次的敏感度，不经过训练和熏陶，很难拥有。

多听优质的音乐，听觉的要求自然就高了，就像吃到自然的味道，味觉就敏锐了。多给孩子"高品质"的音乐刺激，他未来对环境和视觉、听觉要求，对生活品质的追求自然也不会太低。

无论什么样的音乐教育，孩子都要忠于自己的内心才会感觉那是一种享受。教育过程中出现困难，我们固然要引导并帮忙解决问题，但不要把支持变成压力。什么是"忠于自己的内心"呢？不如听听那些超一流才华的人给出的更直观解释，也更有说服力。

例如约翰·列侬的一段话："真正的音乐，是来自宇宙的音乐，是超越人们理解的音乐，当它走到我心中的时候，它们与我本人无关，因为我仅仅是一条通道。我为音乐而生，音乐又把自己给予了我，而我又将它表述出来，这是我唯一的乐趣。我像是一个媒介，我就是为寻找这样的瞬间而生的。"

现代舞创始人之一的玛莎·葛兰姆说："有股活力、生命力、能量由你而实现，从古至今只有一个你，这份表达独一无二。如果你卡住了，它便失去了，再也无法以其他方式存在。世界会失掉它。它有多好，或与他人比起来如何，与你无关。保持通道开放才是你的事。"

古典音乐大师莫扎特则说："我真的从不曾追求创意，音乐不是由我而来，音乐是透过我而来。我不知道它们何时出现，怎样出现，也无法强求。那些悦人的欢乐留在我记忆中，我任由它们蜂鸣。它们点燃我的灵魂，只要不被扰乱，我的主题会自行扩展。"

所以，鼓励孩子勇敢地去追随他的心和直觉，必须尊重他自己的感觉，而不是别人的建议。因为过于渴望别人的认可，来自宇宙的音乐或其他事物，就无法走到他的心中。

【能量加油站】

我们来回顾一下今天的关键知识点：

在学习音乐的过程中，我们太过注重学习音乐的术，而忽略了音乐的道。好的音乐教育是让孩子爱上音乐，具体该怎么做呢？

第一，要选择大师的音乐，聆听经典，至少要见过高山，才能做到高山仰止。

第二，从音乐的4个不同维度，听出孩子的偏好。帮助孩子选择忠于他内心的感受的音乐教育方式。

请什么样的老师，收获什么样的价值

在教育上，相信每一位家长都深有感触，希望尽自己所能地培养出孩子更多能力。市面上纷繁复杂的课程，选择众多，但对于我们一对一形式的学习，最重要不是学什么，而是跟谁学。因为一对一的老师不仅仅是在教授课程，更是在陪伴孩子成长。

我也一样，选择了教育这条赛道创业，首先就是找到好老师。找到一名好老师，是我创办艺中这么多年，能够在业内成为最专业的培训中心的核心要素。

找老师时，一定要区别钢琴演奏家和钢琴教育家。钢琴演奏家是职业演奏家，大部分时间会用在自我练习、音乐演出上，这是主要职业。偶尔会有大师课、师资培训推出，这算是副业加持名气传播。他们会给孩子最好的视听音乐欣赏，这时对孩子的反应吸收和演奏能力要求会更高。

而钢琴教育家是专注教学领域，多年的教学经验累积，对于各种学生能力和基础比较了解，也能有相应的接受心理。钢琴教育家会从了解孩子基础、上课反应能力，甚至练琴情况，综合评估再进行教学；会由浅入深地引领和指导，耐心和变化并存，当然也需要家长的配合和理解，让孩子规律上课和有保障地练琴。

请老师的核心其实是：请什么样的老师，收获什么样的价值。

很多家长觉得找一名好老师难，我作为艺中创始人，觉得找好老师并长久地留住就更不容易了。我还记得艺中刚开始在东莞塘厦的那几年，老师的流动性很大。因为当初请来的老师都不甘于待在一个小镇上，无论是对自己艺术专业的追求还是对更好生活的向往，他们都更愿意去一线城市。我虽然有些无奈，但也理解他们这样的选择。

那个时期真是为孩子们总是没有稳定的好老师而焦虑，同时也发动自己身边所有的音乐资源寻找小提琴老师。朋友们一听说来东莞还有几个人会考虑一下，再一听说是在东莞的一个镇里，全部拒绝了我。

每当家长问起我：可不可以学小提琴？暂时停课的小提琴学生问：老师什么时候可以再开课？我就觉得特别对不住他们。一家想在当地做培训教育最好的琴行，有乐器之王——钢琴，却没有乐器之后——小提琴。

后来，终于有一位乐团的朋友给我推荐了刚刚硕士研究生毕业的杨杉老师，看到她的履历我已经不抱任何的希望了。简历上首先映入眼帘的就是：星海首届小提琴演奏和教育专业公费研究生。

在我们那个年代，公费的含义是你太优秀，优秀到国家出钱保送你去读书，换句现在的话来说就是拿了国家给予的全额奖学金去读书。

但当我看到杨杉老师的朋友圈，看到她不时地去探望自己的老师，随时汇报现在取得的成就。也看到她的老师一直在给她传达，选择了教师行业就要向下扎根，无怨无悔地教书育人，看到这样的她，更加坚定了我要联系杨杉老师的想法。我当时想用我的三寸不烂之舌软磨硬泡地把杨杉老师请来塘厦教小提琴。

既是幸运又是缘分。幸运的是杨杉老师刚到珠江交响乐团工作，还没开始在广州扎根；缘分是杨杉老师特别认可艺中的价值观、使命和愿景，愿意和我们一起做专业的课程，创造好的音乐氛围，做有希望的事业，成为年轻人的榜样，做着眼于未来的教育。也正是艺中有这样的规划，留住了杨杉老师。

于是，杨杉老师开始了从广州地铁换乘动车，到樟木头再换乘出租车来到塘厦，每周末准时8点开始给孩子们上课。10年来，风雨无阻。除了乐团的演出会让教学让道，再没有什么事情会耽误给孩子们教课。同时杨杉老师也是重承诺之人，在这10年期间，无论广州有多少橄榄枝伸向她，乐团排练有多繁忙，她从来没有放弃过我们。也正是有了这样稳定的专业好老师，又有稳定的教学保障，一批又一批学习小提琴的学生开始在塘厦诞生了，要知道，小提琴在乐器中是最难启蒙的。

在杨杉老师的身上，孩子们不仅学到了专业的技能，更加传承到杨杉老师的精神：尊师重教，懂得感恩。我每次在琴行看到孩子们对杨杉老师的尊重和对小提琴的喜爱，就特别感动。我还记得崔熙媛小朋友连坐车都要给杨杉老师铺好靠背，还不停地叮嘱妈妈一定要记得送杨老师回家。下了课的孩子不是急着回家，而是想着先给老师倒杯水。学习小提琴的学生对杨老师暖心的举动有好多好多，这些连我们当妈妈的都羡慕不已！学乐器是一方面，培养品质是另一方面，也只有德高望重的老师才懂得不仅要教书，更要育人。

我们总结一下找好老师的三个原则：

第一，在预算允许的情况下，找最好的老师。因为学音乐更多的是建立肌肉记忆，如果一开始没有建立好习惯，后面学习上的小缺点会很难彻底改掉。

第二，老师要科班出身。一个专业的音乐工作者，哪怕是给孩子启蒙的老师，也要经历10年以上全职的高强度的专业训练。要想系统学习音乐，一定要找科班出身的老师。

第三，老师做的是音乐教育，而不是简单地教音乐。好老师是能够带领着孩子在音乐中去感受美，更重要的是对孩子品性的培养。能沉心下来做启蒙教育的老师，一定要极富爱心和耐心。对于初级学习，既能培养好孩子们的兴趣，又能建立好的练琴习惯，这应该是启蒙老师最重要的教学方向。

当孩子有一定基础和技巧展示，并且有长期学琴的稳定性，可以适当地加入大师课来提升孩子的学习层次和兴趣，这也是一种鼓励和激励。孩子进入高级阶段后，要考虑是否有职业发展倾向。如果有，可以找到相应的名师进行提升；如果没有，就继续保持技术的提升和兴趣上的热爱。

一名好老师，不仅仅是课程学习、技能获得，更多的是榜样的影响力，每一位好老师都是带着"长大后我就成了您"的信念去培养每一位孩子成才。

【 能量加油站 】

我们来回顾一下今天的关键知识点：

给孩子找音乐老师时，一定要区别钢琴演奏家和钢琴教育家。钢琴演奏家是职业演奏家，大部分时间会用在自我练习、音乐演出上，这是主要职业。

钢琴教育家是专注教学领域，从了解孩子基础、上课反应能力，甚至练琴情况，综合评估再进行孩子的教学。

请老师的核心：请什么样的老师，收获什么样的价值。

认识自己，才能更好地为孩子选乐器

如果经济条件允许，一定要让孩子学一门乐器；如果经济条件不允许，请爸爸妈妈努力让经济条件允许。父母把孩子带到这个世上，在孩子成长期间就是要努力创造好的条件，其实这也是孩子间接地激励了我们。

以前我自己一个人，可以说很容易满足现状，并没有那么励志，潇潇洒洒过了十几年单身生活。

在要不要孩子方面，自己也是做了充足的思想准备，这个孩子不是为谁而要，是我想带她来到这个世界，那我就要做一名合格的妈妈。就像做一名合格的人民教师一样，有了责任感，所有努力的方向都会不同。

没有糖糖前，我对自己的要求并没有那么高，自从有了糖糖，我深知妈妈成为榜样后的影响力对孩子有多重要。我自己的琴童故事，也时常分享给糖糖，所有她会面对的，我都会反思当年的我是怎么样的，我希望我的妈妈是怎么样的。是的，每一位妈妈曾经也是孩子，面对孩子时，我们完全可以感同身受，而不是端起妈妈的身份。

如果说学习是一条不可避免的道路，我让糖糖学习乐器最大的原因，就是这条道路上你会有很多选择权。学乐器在糖糖的教育规划里是必需的，无论是从我的专业角度还是乐器启蒙上，钢琴一定是首选。

钢琴是乐器之王，我很清楚用钢琴启蒙之后学什么都容易，钢琴启蒙也是最简单的，一开始就是标准音高。孩子会看钢琴谱，以后转学其他乐器都容易。糖糖自己也是对钢琴最好奇，因为家里有琴、店里有琴，妈妈会弹、爸爸也会弹，可以说钢琴是从她一出生就几乎天天见的乐器。

可是为她找到的钢琴老师王淼认为她还太小，希望她从5岁再开始学习，而这位老师是我认可的，也很希望糖糖的启蒙从他开始，所以为了能跟他学习，我愿意等。值得等待，就耐心等待。

在等待的过程中，由于我们不想错过音乐最好的启蒙阶段，我们便先选择了第二乐器。别人每每问起糖糖在学什么，我们回答"小提琴"，就会招来很多质疑。我的专业是钢琴，却没有给女儿选择它，这是为什么呢？除了等待王老师，还有以下几点原因：

第一，父母太懂练琴，会给孩子带来更多的压力

我和孩子爸爸都不会小提琴，但学习钢琴就在我们的"射程范围"内，如果糖糖学习钢琴，我的优势是可以很好地辅助她学习，但最大的劣势也是因为什么都懂，自己会忍不住干涉她。问题什么时候都是矛盾体，就看你去"喂饱"哪一面。选择一个我们不会的乐器，她的任何一点变化都会让我们惊喜，我们也能控制住自己不过多干涉，能够乖乖做好陪练。

我就来当个欣赏者，欣赏她每一次的进步，无论她学什么，我就做一个帮助她坚持的人就好。因为我的"不懂"，所以从她第一次抓琴、拿弓，唱出一个音、打出一个节奏开始，每天都会给我无尽的惊喜，而我只需要负责召集好她的小伙伴们（一群玩偶小兔子）坐好聆听，打开手机开始录制就好。

我也尽可能多找跟小提琴相关的视频跟她一起聆听，在她面前表现出各种对杨杉老师的崇拜和敬仰。我和阿姨都成了她的学生，她自己练完还要教授我们，而此时我必须表现得"笨手笨脚"，她都有些嫌弃我这个不长进的学生。

陪糖糖学小提琴这期间，经常有家长问我：孩子几岁开始学小提琴合适？小提琴演奏是单手拿琴站立演奏，这对手及指头尚小、力量不够的3—4岁的孩子来说过于勉强，因此在孩子5—6岁骨骼发育较好，并具备基本的语言表达能力和理解能力时，学习小提琴比较合适。

我们可以让孩子在此之前做些准备：比如先接触一些简单的乐理知识，培养对音乐的兴趣，欣赏音乐、歌唱、识谱、感受节奏等。有条件的父母还可以先让孩子学习钢琴，了解一些初级的音乐理论和基础知识，这样对他将来无论是学小提琴、大提琴、管弦乐，还是民族乐器都有很大的帮助。

第二，选对老师，是学乐器的关键

选老师很重要，尤其是我们这种技术性很强的专业，对老师的要求更高。一般专业好的小提琴老师不是在乐团里就是在学院里，弦乐是一点都糊弄不了人的，拉得不好完全没法听，家里

"锯木头似的装修声"不断。

专业好了，还要有师德，这一点我在姜凌老师身上能完全看到。从糖糖3岁时，小提琴就走进了她的视线，这么小的孩子需要老师极大的耐心和鼓励。姜凌老师是退休教授，已经不再教授这么小的孩子，可收下糖糖后，上课耐心地讲解，手把手带她感受乐团排练，用游戏的方式让她越来越喜欢小提琴发出的声音，跟她分享自己带团的趣事，还把自己跟随乐团出国到访国家的手信送给糖糖。"这些地方我都去过了，这些东西于我而言意义不大，可对她就不一样，希望她也能去到这些国家。"在糖糖的心里，早早就埋下了看世界的种子。所以，孩子跟着这样的老师从小学习其实也是从小被影响，不管糖糖拉得怎么样，她都知道音乐的世界很大，会更想成为她老师的样子。

第三，小提琴方便携带

我一直是东莞、深圳两地跑，糖糖从小就跟着我来回穿梭，经常是说去哪就去了。小提琴之所以能坚持每天练习，是因为完全不用考虑去到的地方是否有乐器，背上琴就出发了。记得出发去上海迪斯尼的时候，她自己背着琴上飞机，已经完全把它当作自己行李的一部分，去哪都不耽误练琴。

糖糖有好几次热情高涨的要去玩时，我突然想到糖糖没练琴，问她可以先练了琴再走吗？"可以呀。"她坚定的回答让我很感动。

一切都是我思考好、准备好、规划好再开始，而不是因为外界的影响。不是"别人都这样""眼前只能这样而开始"，那么每次遇到问题后，我就愿意做承担者、解决者、帮助者，问题就不再是问题。选乐器，没有什么绝对的原则，但首先要认识自己，多了解自己，才能更好地为孩子选乐器。

【能量加油站】

我们来回顾一下今天的关键知识点：

1.钢琴是乐器之王，有条件的父母可以先让孩子学习钢琴，了解一些初级的音乐理论和基础知识，这样对他将来无论是学小提琴、大提琴、管弦乐，还是民族乐器都有很大的帮助。

2.要根据自己家庭的情况，选择适合的老师。跟着哪位老师学，就会成为哪位老师的样子。

头号大难题：练琴谁最痛苦

面对这个问题，孩子们心里的答案肯定是：当然是我呀，每天都练，太痛苦了！妈妈们的答案肯定是：当然是我呀，每天让你练琴都要吵架，太痛苦了！老师们的答案肯定是：当然是我呀，每次来上课都不练琴怎么教呀，太痛苦了！

我和糖糖也曾在痛苦里煎熬过。一次，下午放学后，糖糖上完小提琴课，又赶着上了英语课，8点上完课后我又带着她去买了新凉鞋，所有事情都处理完回到家已经10点了，按以往这个时间早该睡觉了。可到家的那一刻我才想到，糖糖琴没有练、卡没有打，还要洗澡读绘本，如果都做完，肯定要一个小时。要完成的事一个也不能少，这个时候的我肯定是心急如焚。

最近小提琴在改练习方式，她很不适应，所以练琴就会各种拖拖拉拉，等我把睡觉的东西都整理完，她还没开始练习。我着急地催促她，可是越催她越不动，而我自己明知方法已经不对了，还执着在当天就把事情全部弄完。

就在我转身想去帮她打开节拍器时，只听"哐当"一声，小提琴掉地上了，我第一反应就是她因为不愿意练琴，把小提琴摔了，我火一下就上来了。我发现我瞪过去的时候，糖糖爸爸也瞪向了糖糖，我想当时我俩的目光一定很可怕，因为糖糖立即大哭起来。

当下我和糖糖爸爸没有说一句话，好默契。我走进了房间，让自己先平静下来。糖糖爸爸帮她拿起小提琴，说："小提琴不可以摔哦，这是爸爸妈妈送给你的第一把琴，小提琴怕摔，摔一次它的声音就会差一些。"

我在房间里面深呼吸，努力让自己安静下来，也在想一会儿如何跟她沟通，这时外面响起了琴声，也伴随着抽泣声。我打开门看到糖糖爸爸陪着她开始练琴，练完后糖糖爸爸拥抱了她，并且跟她说："对不起宝贝，我想刚才我的眼神吓到了你，你才哭的对吗？"糖糖拼命点头。

"爸爸是因为担心小提琴，而且觉得你这样摔小提琴的行为很不好，但爸爸也做错了，不该用这样的眼神瞪你，爸爸道歉，你能原谅爸爸吗？"我看到他们父女俩的和解很欣慰，糖糖爸爸能第一时间去担当陪练角色，又能自我检讨，确实缓解了刚才的气氛。

我走过来，抱着她，开始给她讲绘本，接着关灯和她躺下。"糖糖，妈妈想跟你聊聊可以吗？"我开口说道，没想到我话音刚落，就听到"妈妈，我不想再学小提琴了！"同时感觉被子里的她明显缩了一下。

我说："宝贝，妈妈知道你不是不想学小提琴，是不想练小提琴，对吗？"黑暗中，她没有回答，身体也没有动，我知道我说对了。"妈妈跟你一样呢，你说我们怎么都一样呀！"说完用手挠挠她。"小时候，你姥姥姥爷送了妈妈一架钢琴，我喜欢钢琴的声音，可是我一点也不想练琴，一点也不想每天都练！"

"真的吗？"听到她立刻回应，我就开始想象着她的感觉，"是啊，跟你现在一模一样，不想每天练重复的曲子，曲子很难的时候也不想练，想玩的时候更不想练。"她很安静，甚至比平时读绘本时还安静。

"可是那个时候别人都没有钢琴可以弹，我却有他们送我的琴，我就每天坚持一点点，坚持到现在我可以弹好多好听的曲子，宝贝，妈妈相信你也可以的。"

突然，一个小小的声音传出来："我没有摔它，是不小心掉下来的。"我又惊又喜，"什么，妈妈没听清。""我没有摔小提琴，是我没站稳它掉下来了。"她一下坐起来说完了这句话，我突然想到她那会磨磨蹭蹭地躲在窗帘背后绕来绕去，有可能真是拿不稳琴。

原来我和她爸爸误会她了，我抱紧她，用力亲她。"太棒了！宝贝，妈妈就知道你喜欢爸爸妈妈送你的小提琴，妈妈陪你一起坚持！"那个晚上，糖糖睡得很晚，我看了一下表，已经夜里0：16了，可那又怎样呢？母女俩的冲突就这么解决了，第二天糖糖一回来就开始练琴，还自己画了一幅小提琴的画。

后来给糖糖录416天演讲打卡的时候，她在讲钢琴的故事，她说："我妈妈的妈妈和爸爸也送给她一架钢琴，她也不喜欢练琴，可她坚持了，坚持就可以弹很好听的音乐。"令我惊讶的是，那晚的故事她竟然记得，而且还能举例说出来，在旁边举着手机的我默默低下头笑了。

的确，学琴一点也不难，可是练琴真是难倒一大片。可以说坚持练琴不仅是大家最痛苦的事，也是行业领域大难题，如何解决？我们也一直在寻求解决方法。《教养的迷思》作者是美国心理学家朱迪斯·哈里斯，她的核心观点是：我们平时认为影响孩子发展的主要因素是家长的教养方式，这种观点是错的。

孩子在家里学到的东西，不足以帮助他应对跟其他孩子的关系，孩子更多的是跟同龄人学习的，而不是跟父母学习的。孩子最大的愿望就是尽快成为集体中合格的一员。越是长大，他们对儿童群体的认同感和忠诚度就越强烈。

对孩子来说，最重要的是如何融入同龄人，而不是学会成为一名成年人。朱迪斯·哈里斯因为这个研究，获得了美国心理学会颁予杰出心理学家的乔治·A. 米勒奖。她指出孩子们的未来不取决于父母有多爱他们，而取决于他们与集体中其他成员能否和谐相处，尤其是和同辈人的相处，因为他们要和同辈人一起生活一辈子。

每一个孩子都有被同龄人接纳的需求，也就是孩子的归属感。如何通过孩子的归属感，让孩子愿意坚持？因为2020年新型冠状病毒肺炎疫情，给我带来了一种新的启发：大家不能见面，那就线上社群里见。2020年2月，我们开启了线上练琴社群，到写这篇文章的时候，家长们和孩子们总共发布了14000多个要练琴视频。

经历了小打卡练琴，相信只要去过小打卡的家长都能感受到其中的不易，是坚持不易，每日的坚持更不易，但孩子们看见他的同学们都在打卡，也慢慢坚持了下来。看起来说服之路无比艰难，但孩子很快就被同伴练琴环境所影响，其实是孩子和同龄人的互动"同化"的表现。

同化简单来说就是从众，孩子希望和同伴保持一致，以获得接纳。通过同化，孩子完成了社会化的过程。与同龄人同化互动的同时，另一种互动方式是分化。一般来说，孩子多数时间与大家保持一致，少数时间与众不同。尤其到了青少年时期，孩子会在群体中寻找自己的定位，找自己与众不同的地方。当然，与众不同的最好方法是比其他人更好。

所以，坚持带孩子做练琴打卡练习，会让孩子在同龄人中变得更好，他就会更有成就感和归属感。有了成就感和归属感，就想要练得更好，这像是一个良性闭环，让孩子主动想要练琴。

我们也会陪伴每一位拥有梦想的孩子，坚定地走下去。

【能量加油站】

我们来回顾一下今天的关键知识点：

如何让孩子愿意坚持练琴确实不容易。让一个人坚持练琴不容易，但是要一群人进行练习，就相对容易很多。因为每一个孩子都有被同龄人接纳的需求，也就是孩子的归属感，所以让孩子参加线上练琴社群打卡，孩子会感受到练琴的技能在同龄人中慢慢变好，他会有成就感和归属感。

这样的成就感和归属感，让孩子想要练得更好，这就是一个良性闭环。

2 >>>>>

榜样力：孩子不会长成你希望的样子，他会长成你的样子

>>>>>

聆听大师的叮咛，人生是用来改变的

都说创始人的天花板就是自己，在跟随许晋杭老师学习的过程中，感悟最深的就是这句话：除非你改变了交往的人和阅读的书，否则，你的5年之后和现在完全一样。

跟随老师学习也才3年，我自己、我的家庭、我的事业都已经发生了翻天覆地的改变，距离第一个5年还有2年的时间，我对5年后的我，充满期待和幻想，而当下的我还能做什么？如果只能选择一句话来形容的话，那就是"继续聚焦高效沟通"。

为什么这么说呢？创业17年，我最大的瓶颈就卡在只肯默默做事，不肯开口说话，就算面对我的员工也是能用文字传达就绝不口头沟通。所以连基本的沟通都不行，更别说高效沟通。这样的自己，我都不喜欢，更别说受欢迎度。那时的我完全看不到自己的问题，还只责怪下面人的不得力，留不住家长，留不住学生。

可是作为老牌的教育企业，对外经常出席的公众场合非常多，再加上对内的企业培训，我作为创始人必须提升自己的影响力。我也知道在这个时代，没有人再敢忽视语言的力量。很多企业家比如乔布斯、雷军等，演讲能力很强，还会销售，一个发布会就像蝴蝶效应一样带来无数资源。

我是带着想解决问题、想找到管理企业的方法才走进《高效沟通》的课程。晋杭老师跟我说："以身作则不是最好的管理方式，而是唯一的管理方式，如果你想做好企业影响员工，首先要改变的不是她们，而是你自己。"

市面上教授管理的方法确实比比皆是，成功人士也大谈企业文化，我也买了N多关于组织建设的书籍，可是那些方法轮到自己使用的时候，就是东施效颦，没多久就夭折。甚至有段时间，我的员工都怕我出去学习，因为学完回来就整出一套让大家做的模式。

可是在许晋杭老师这里不一样，首先他自己本人就是以身作则的代表，所有他课堂上教授的内容，都是他过往实践过的经验。说他所做，做他所想，想完写书。如果你们不能来到课堂，那么这几本书你

一定要拥有，然后用起来，说不定你也会是老师第四本书中的一个人物。

大家经常好奇我是怎么改变的，怎么能在社交时使用好沟通的？

老师教授的沟通从人开始，而这个"人"，首先，也必须是从自己开始。他不仅教给我很多沟通方法，还同时督促我开始改变自己。如果我练习好演讲，不就可以向更多的人传递我们的办学初心、价值观和使命吗？

每日的练习，我做到了，可我缺机会锻炼。有一句话你一定要相信，机会，真的只会垂青那些主动的人群。我很感谢妈妈给我的教育，从小，妈妈就鼓励我，让我做班级干部，她跟我说："如果老师问谁愿意做班长，你就举手；老师要是问谁愿意主持这个活动，你也举手。"

她永远这样鼓励我，所以从小到大，我都是那个愿意主动举手回答问题的小朋友，主动争取各种机会，是班级和学校的各种活动的活跃分子，每次都主动竞选班级职务，从小学到大学，当过13次班长。目前我也是未来演说家群的组长。

其实，我没有演讲天赋，更害怕公众讲话，所以只能下笨功夫，写好演讲逐字稿后，不断检查逻辑清不清。许晋杭老师举办的未来演说家群周年庆，我主动跟老师申请上台演讲，申请只是第一步，还要跟各路高手PK。于是，我不停地看书、早起写稿、练习修改，在糖糖睡着后又开始背稿。

连丘吉尔这样的天才，也要多次修改演讲稿，才有信心站上台，更何况是我。于是，我无数次站在镜子前反复练习，看着自己的口型和仪态，背着背着又发现有些字句很拗口，要换掉那些逻辑有问题的句子，就这样不断地对内容反复琢磨。

经过层层筛选，我从200多人挤到那晚最终上台的10人之一，而且还是压轴演讲。当天演讲的时候，我的家人和团队就坐在台下，那个氛围使我备受鼓舞，内心充满力量，至今那个场景还刻在我的脑海里。

我一直看到"主动"给我带来的影响力，每次来上课，我都主动告诉老师这一场我会来，成功为自己争取机会，演说影响力的舞台我也成了分享嘉宾。老师新书发行，我立即到处看场地，最终为我工作了17年的城市争取到了荣誉，《演讲力》全国站里有东莞这一站，作为举办方的我，也又一次站在了舞台上。

我的变化越来越大，在我自己的专业平台里越来越敢主动表达，增加了企业的影响力，也顺利地在这两年里开始担任行业领域里的发言人。而在我的内部管理中，越来越多员工加入沟通练习，看似我和员工每天不见但又每天练习，这其中的默契，是我们艺中文化的体现，也是我们团队的象征。

因为沟通练习，我们多了很多共识，现在很多场合即使没有我出现，也有我们团队的人在代表艺中出席。好多活动我只是被通知的那位，有我没我都一样；外出的学习，艺中团队总有人代言，现在我学不学不重要，重要的是这次团队里又有谁去了；公益的活动不再是一个形式活动，即便我不组织也有人想要组织前去；老师们之间不仅自己相聚，还主动跟家长建立了很多相聚活动。

每个人以是艺中团队的一员而骄傲，而我很骄傲的是，夫妻间有夫妻相，我们有团队相。艺中团队的美好是在这每日的沟通练习中，有了相似的质地：务实、靠谱、坦诚、追求理性、富有责任感。

虽然每一个人加入这个团队的时期、初衷和机缘不同，但我认为，现在的团队，是我创业以来最团结、最具有战斗力、最有希望的团队。今天的成绩和每一个人都息息相关，我们的使命感越来越强，我们都开始自发地用生命影响生命，艺中越来越多家长和学生也纷纷加入了沟通练习中。

即使员工离开了艺中，也依然在保持沟通力方面的学习，李梦思曾经是我的高管，负责东莞培训中心的运营，因为夫妻分居两地的问题，她回到云南做了一位全职妈妈，和大部分妈妈一样，重心一下都放在了孩子身上，出现了很多焦虑又迷茫的育儿问题。在开始练习沟通后，她的家庭关系也越来越融洽，喜人的是3岁的儿子也开始模仿妈妈打卡练习的行动。

我们群里还有黄舒妮、王羽玲，这些已经离开我们团队很久的老师们，她们都回自己的家乡梅州、福建，开设了自己的培训中心，也成为企业创始人，这些过往的员工却都还在跟随我做"学好沟通、学会沟通、运用沟通"这件事。每个人都在把以身作则，践行向上沟通、平行沟通、向下沟通这样的企业文化复制下去。

我们像是一艘船上的人，是船长、大副和水手，一起把船开往灯塔，开往美好彼岸。时间是生命里最宝贵的东西，我常常觉得，艺中就像一个家，我得给员工一个坚实的肩膀，给员工们在这同吃一桌饭的信心，给一个美好未来，所以我会谨记许晋杭老师的话：功劳都是她们的，责任留给我自己。

我很骄傲，老师把我的案例写进《高情商沟通力》这本书里，我的践行结果和获得的成绩，让我更加明白创始人和高管要不断学习，凡是容易的事，都无法促使人成长，学习很难，但也不要做简单的事，很容易徒劳而无收获。

如果想事业有成，天赋没的选，努力是每个普通人可以选择的，努力在自己的行业里成为一种榜样，一种力量。如果想孩子优秀，先别急着激励孩子，先多激励自己，自己跑赢了，孩子多半不会差。

如果想遇见最好的自己，不盲目跟风学习，自己学完后是否能创造价值才是目标，跟顶尖高手学十之一二，远胜过跟普通高手学十之八九。就像跟随许晋杭老师日复一日坚持做正确的事情，每一天都追求长期价值最大化，我们都能改变生活和命运。

就像电影《人潮汹涌》里，我们看到了业界劳模刘德华的身影，他之所以一直红到现在，不是没有道理的。记得有记者问过刘德华为什么演得这么好，还这么拼？他的回答大概意思是，有天赋当然好，但是天赋个人没的选，努力就不一样了，是自己可以选择的。

我们来回顾一下今天的关键知识点：

以身作则不是最好的管理方式，而是唯一的管理方式，如果你想做好企业影响员工，首先要改变的不是她们，而是你自己。

如何改变？从自己的沟通能力提升开始。

如何拥有掌控人生关键时刻的能力

很多媒体采访我，都会谈到我的1000天演讲打卡。他们对我经常登台演讲，并且经常用演讲获得为企业赋能的机会感到好奇。1000天演讲打卡这个案例，也是很多家长朋友们非常喜欢的一个，他们中的很多人对这个案例百听不厌，甚至很多人跟着我一起演讲打卡。

在时间管理中，我认为非常重要的一项法则就是目标性法则。这是我身上的一个真实故事，我用1000天的时间，在演讲水平上从小白练成了高手。2019年6月9日，我向晋杭老师申请了跟随他打卡1000天的挑战。

故事是如何开始的呢？

我很幸运地认识了老师，知道很多企业家都在跟随他进行1000天的演讲打卡，每天3分钟视频加500字文稿，在事业的转变上都有不同的收获。我当时特别纠结，一方面想着提升演讲、提升企业现状，另一方面在想我哪有时间每天写500字，还要录制成3分钟视频，关键是坚持1000天，我觉得我不行。

后来每个月我去上课时，就能看到参加演讲打卡的企业家同学，站在台上分享自己通过打卡的收获和成长，看到他们的蜕变实在让我惊叹。当时热血沸腾，决心一定要拿下演讲打卡，我开始每天刻意练习，持续行动，写这篇文章时是我演讲打卡的第656天。

这个打卡可没有那么简单，每天晚上12点前交上你的演讲视频和文章，如果没有及时交上就会被罚款，最低1000元。我当然也被罚过，被罚时痛苦得不行，我心疼的不只是钱，更重要的是怀疑自己还能不能把这件事情做好。

每当这时，老师能够接纳并包容我的"坏"，在我懊恼自己一无是处的时候，老师能三言两语化解我对自己的攻击，拉着我看到前方的光。如同每一个坏的感觉都是一个潜在的能量，如果你给它空间，它就可以朝正确的方向发展。

老师给的空间更是无限，让我们了解"相信自己"这四个字有着无限的能量。我知道那些能量来自老师，也来自打卡群里所有的同学。我经常听到同学榜样的分享，感受到邱菲想要证明自己的心，黄燕娜对临近12点打卡的调整，童梓妍不断冒险也不断沉淀的生活态度，石立涛对孩子独特视角的鼓励，曾善美对孩子打卡的引领，他们让我看见打卡带来的丰富可能性，也沉醉于同学榜样们生命中的美好。

可最让我快速成长的是来自老师的"逼迫"，因为老师会随时让我登台演讲。一次，晚上回来已经12点了，可我舍不得睡，半夜还频繁醒，5：30一到立即从床上弹起。因为临时被老师要求去分享，我的第一反应是我没时间写稿，更何况背稿，下午还要送家人去关口。我想我不行，可是一想到老师说的要在事上练，内心就有了动力。

跟随晋杭老师后我才真实地感受到，不断创造生命故事是让自己的人生变得更多姿多彩的最快路径。谁不想把人生过得很精彩呢？但大部分人都是很平庸、很艰辛地走完一生。其中的原因一方面是不知道学习什么，另一方面是学了也不实践。

所以，2020年这个让全世界都慢下脚步的一年，我的中心也关闭了将近六个月的线下课程。我开始天天在家里打卡，最开心的是女儿糖糖看着我每天打卡，她自己也主动要坚持打卡。

更开心的是，在那天未来著名演说家两周年的盛会上，我也邀请了我的团队参加，我真是第一次站在千人舞台上，进行我的第一次演讲，分享300多天演讲打卡带给我的收获、经历和感受。

那一晚每一位演说家的故事无不说明了，女性面临职场和家庭的多重压力，如何做一个负责的好妈妈，做一名自信从容的好员工，做一位美丽大方的好妻子，做孝顺懂事的好女儿，背后都有辛酸和坚定的自律。

到了第二天早上，我收到了一位高管发来的信息，我以为是日常的工作汇报，打开一看。她说："老板的变化成长实在是太厉害太快了，我要跟着你一起学习，我想跟着你进行1000天的演讲打卡。"她自己申请打卡还不算，还要带着两岁半的孩子也跟着我打卡。

从那天开始，一位高管向我发出申请，直到后来9位高管都陆续加入了打卡。他们现在打卡天数也都陆续登顶到1000天，而他们也把这种系统的培训方式传承到他们的下属，也在带领员工和老师进行每天1分钟的视频加100字的工作或教学总结。

我也更加感受到语言太有力量，精神的传承才是我1000天的意义。无论是孩子还是员工，与其我们要求他们怎么做，不如我们做给他们看。

1000天的刻意演讲练习其实是有两个判断标准的。

第一：练习的领域是在自己发展的行业，我们已经有整套成熟的评价标准和高效的方法去练习。因为我一直在学习沟通的语言体系，一直用输出倒逼输入的方式，让自己一遍一遍演练，学了就践行，这让我成长很快。

第二：需要有给你布置训练作业和及时反馈的优秀导师。我的老师是许晋杭老师，团队高管们有我。当我们的刻意练习，有导师在身边指点的时候，会进步得更快，因为导师会不断给你正向反馈。

其实，1000天的刻意练习才是我们成长的方向。通过刻意练习，我们几乎可以掌握绝大多数的能力。练习的路上，演讲突破了、写作突破了、家庭教育建立了、个人成长了、工作更有方向、团队提升了、生活更在自己掌控中。我的梦想也不断被放大，从原本的赋能团队，到回馈中心，再到回报社会。

后来又来到晋江，为妇联做一点自己的贡献，让更多女性能够勇于表达自己，让好口才为自己增添光彩。今年更是在自己热爱的音乐领域里找到了最新使命，担当好深圳市福田区钢琴艺术协会的执行会长，能带领好深圳钢琴演奏和教育从业者们，一起为钢琴艺术做推广，壮大钢琴教育师资，用爱心和真情培育音乐人才。从幕后走到台前，要为协会做好发声和宣传沟通交流活动，如何让语言为自己助力就显得尤为重要。

过去我只是闭门造车，而现在我懂得了用演讲的方式分享出去。因为我知道在当下，对于我们很多人来说，演讲都成了一个必不可少的技能。好好练习，"说"和"写"的应用不在舞台上，不在书本里，而在我们的生活中。让更多人学会公众表达，去创造属于自己的奇迹吧！

【能量加油站】

我们来回顾一下今天的关键知识点：

第一：1000天的刻意练习才是我们成长的方向。通过刻意练习，我们几乎可以掌握绝大多数的能力。

第二：刻意演讲练习其实是有两个判断标准的。首先练习的领域是在自己发展的行业，我们已经有整套成熟的评价标准和高效的方法去练习。其次需要有给你布置训练作业和及时反馈的优秀导师。

装满故事的金币，是我们的传家宝

做了17年音乐教育，一路以来，唯一没有停止过的就是学习的脚步，越来越发现会表达有多么重要。我的初心是想通过演讲增加自己的影响力，从一个老师的身份转变成好老板的身份，站到台前为自己的企业发声。

在我打卡的路上，发生了很多有意义的事情，而我的女儿糖糖，是我绕不过去的一个话题。

我开始打卡时，她还不满3岁。每次我打卡的时候，她就很想入镜，挡都挡不住那种，起初我也就随她，很多时候我打卡的画面都有她的各种搞怪，甚至故意问我话看能不能打断我的录制，而我每天打卡的画面也给她留下了很多影像。

2020年新型冠状病毒肺炎疫情开始后，晋杭老师和同学们在群内的分享越来越多，每一次分享无疑都会把打卡的意义又提升一个高度。

于是我开始注重拍摄画面的质量了，从身后的背景到自己的服装甚至妆容，那么小家伙再总是出现在我镜头里就很不合适。所以我特地跟她说，以后都不可以在妈妈录视频的时候过来。起初肯定没用，她完全不管照进不误，但发现我真的严格遵守，她过来我就是不录了后，她知道影响了我，小家伙有一段时间就不出现了。

有一天，我像往常一样开始在房间打卡，她走过来问我："妈妈我可以和你一起打卡吗？"

我以为她又是像以前一样想进镜头捣蛋，立即说："妈妈打卡很重要的，不能有别人在里面哦！"她赶紧说："妈妈不是的，我是说我要跟你一样打卡，我也可以讲故事"。

什么？刚3岁的她竟然想跟我一样，怎么可能？我还是当她闹着玩，吓唬道："打卡一点也不容易，而且开始就不能停的哦！"

"可以呀妈妈，我可以的，我可以！"她蹦着跳着在我身上拱来拱去，嘴里不断重复着"我可以！"看着她激动又坚定的小眼神，我的内心其实是十万个不相信，坚持每天打卡这件事在我们大人这都是很难做到，即便做到也是痛苦煎熬，她一个小孩又怎么可能坚持？我当时也只当应付她举起了手机。

2020年3月12日，我开始给她录制第一段打卡视频，开启了糖糖第一天讲故事打卡，讲了多久呢？10秒。虽说跟着打卡是她自己提出的，但是真让她对着镜头开始说也没那么简单。

记得当时我按开手机后她一直看着我不说话，我还鼓励道："糖糖可以说了。"她还是不说话，我当时就想果真是小朋友随口一说，我竟然还当真了，正在我准备按掉手机的时候，我听到"大家好，我是糖糖，我今天……今年3岁了，我要跟妈妈一起打卡。"

就这么短短几句话的过程中，我看到她心神不安地看向我，有紧张说错时间，还有最后结尾说完一起打卡后如释重负地放松下肩膀，连呼吸都是急促到平缓的过程，短短10秒，完完全全就是我们成年人自己面对镜头紧张的模样。

而让我这个老母亲激动不已的是，真实感受到我作为妈妈真的有在影响她。每天看到我打卡、模仿，觉得是一件很酷的事，300天的熏陶，完全没有特意教她、没有做任何排练，她竟然独立完成了自我介绍。这10秒对于我而言更像是一种宣告，小糖糖真的要和妈妈一样开始打卡啦！

在新型冠状病毒肺炎疫情期间，她不能上学我也不能上班，我们共同用打卡朝夕相伴。糖糖开始打卡后，我家也发生了变化，在这里不得不吐槽一下同款老公们。我日复一日每天都坚持打卡了几百天，老公除了制造阻力什么反应都没有。不是说我坚持不了，就说打这个有什么用？但女儿的待遇就完全不一样了，仅仅一个10秒打卡，老公立即发了朋友圈嘚瑟。

从那开始，我每天把糖糖的讲故事视频发到我们内部演说群里，老公还要求主动申请加入，为的就是每天拿女儿的视频。于是我每天给晋杭老师打卡，糖糖每天在内部群里打卡，老公每天在朋友圈里打卡嘚瑟，打卡成了我们一家三口的乐趣和一起沟通的桥梁。

每次晋杭老师的分享我们也是共同聆听，还一起上了演说影响力课程。通过演讲打卡影响女儿这件事上，老公也感受到教育是一场漫长的马拉松，我们与其总是要求孩子做什么，不如我们做给她看，教育的本质就是生命影响生命！

那么糖糖坚持打了多久的卡呢？大概到了60多天时，我感觉到她好像对打卡这件事不是那么有兴趣了，可能是过了新鲜期吧。反正我对她能坚持这件事一直就没有任何期待，也看到朋友圈里太多朋友的孩子打着打着就没下文了，她要不打了我也觉得正常，直到有一天晚上，她突然问了我一句："妈妈，是不是你也不打卡了？"

"没有啊，我在打啊！"

"我没有看到啊。"当这句话说出来后，我终于知道她不打卡的原因了，复工后我的工作越来越忙，我最近都是在中心完成打卡，没有被她看到，而她以为这件事我没有在做，她的兴趣和坚持原来都来源于我在做这件事，在那一刻我深深地体会到那句话：父母是孩子最好的榜样。

我立即调整了打卡时间，尽量在她能看到的时候录制视频，总之让她继续感受这件事是妈妈一直在做的重要事件。

从那以后我听到最多问话就是：妈妈第几天啦？妈妈我什么时候超过你？就这样我从300天坚持到400天，糖糖也即将完成她的100天。

那段时间我一直在想3岁的她如果能完成100天，太了不起了，我要给她怎样的仪式感？是定制一个她最喜欢的Elsa（艾莎）公主蛋糕？还是买一个大玩具？或者就我们一家三口出去大玩一场？100天如约而至，我开始思考糖糖打卡这件事的意义，如何能让她感受到这个意义，我想到了我打卡的故事，于是拿出晋杭老师颁给我的第一个100天金币送给她。

"妈妈这是什么？"

"这是收藏你故事的金币盒，每到100天，你的故事都会钻进一枚金币里，妈妈会把金币送给你。宝贝你可以把盒子里的空位都装满吗？"

"肯定可以呀。"看到她发亮的眼神，我在想，我打卡1000天最大的意义，已经不是我自己单独的成长了，而是我带着我的孩子一起成长。

　　从此打卡的路上我有了一个小伙伴，这个成长的仪式感也一直在继续，金币盒她一直自己保管。糖糖坚持到200天时，我们一起带着金币盒去找老师拿到签售的新书《演讲力：掌握人生关键时刻》，并且领取到宝贵的第二枚金币。

　　我和糖糖的坚持暖化了身边太多人，无论我在不在家，都有爸爸、阿姨、奶奶、姑姑，她身边的人来帮忙录制打卡。坚持和不失误，让接下来最难的启蒙乐器——小提琴的学习也特别顺畅，糖糖从3岁7个月开始学琴，到今天坚持练琴248天。

当我做到了，会有更多人来帮我，这真是我看到最棒的影响力。坚持这件事不再是我一个人在做，而是我身边一群人在做。

感恩许晋杭老师对我的影响，能让我的家庭、我的团队、我的身边一起发生了这么多改变。最重要的是他间接让我生命中最重要的人——我的女儿从小就培养了持之以恒的好品质。

感谢晋杭老师赋予了我金币的故事，当糖糖迎来了坚持打卡的300天，我把这沉甸甸的第三枚金币交给她时，她激动无比，还是问了那句同样的话："妈妈我超过你了吗？"

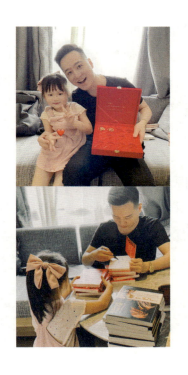

　　做父母都有过这样的想法吧，我们终有一天会老去、也会离开，走了后到底要留给孩子什么？是房子、车子？还是更多的存款？我想，我已经在晋杭老师这里找到了答案，那就是靠我自己的坚持而获得的打卡金币，因为它是用钱买不到的一种精神传承，每个装满故事的金币就是我们的传家宝。

　　我仿佛可以想到，再过二十几年，我的女儿也会有她的孩子，亭亭玉立的她再把金币传给她的孩子，跟她的孩子讲述着她外婆我打卡1000天的故事，然后把这份坚持不懈的精神继续传递下去，我觉得那一刻，将会是我们整个家族最温暖的时刻。

李希贵校长曾说："孩子不会长成你希望的样子，他会长成你的样子。"养育孩子，有两种方法，一种是对吃穿住行学各种关照，当然与此同时也意味着各种限制。另外一种就是提供资源和榜样。这个榜样当然就是我们父母自己。

这背后是两个完全不同的养育逻辑，一种是按照现代社会的逻辑，把孩子看成是一个即将要投入竞争的投资品，其中当然包括要投入时间资源。还有一种，是按照人类古老的逻辑，把孩子看成是生命的传承，是另一个人，那当然是榜样的作用和人格的示范才最有效。

【能量加油站】

我们来回顾一下今天的关键知识点：

1.靠自己的坚持而获得的成就，是用钱买不到的精神传承，你让孩子知道你可以做到，孩子自己也可以做到。

2.孩子靠自己的坚持而获得的成就，她会觉得本自具足，自己本来就很优秀，同时也因为妈妈很优秀对她产生了影响。

1000 天演讲打卡登顶之后

人的一生有300个100天，30个1000天，日子需要一天一天过，事情也是一件一件做完。我们都希望许下的愿望一个一个实现，用100天做完一件事，用1000天实现一个愿望，这一生那该有多精彩啊！

我的前半生15个1000天已过去，前半生的愿望大体实现了：考上大学、有了不错的事业、结婚生女、有房有车。顺顺利利走完了一半，可我自己却不知道未来在哪里。在我最迷茫，不知道自己在什么领域还能有所突破，不清楚未来的方向时，听闻了许晋杭老师开启的1000天打卡挑战。

当初有多义无反顾加入，中间就有多捶胸顿足的懊悔，现在反而万般不舍登顶。这1000天于我而言早已不是写稿打卡这么简单，而是让我有了1000天修行的经历，一路的感受和收获都有如西天取经般跌宕起伏。

老师发信息恭喜我登顶，可我心里深知自己这才真正开始。因为有这1000天的肯定，我才坚信我要继续走下去，是按照修行的方式走下去，找到自己心中的美好作品，实现梦想！

所以我回复老师，卡我要继续打，第一站我自己1000天的目标已经完成。接下来我还有三个目标：

第一个目标：陪伴团队中开始打卡的人都登顶1000天

团队一起跟我打卡的共17位，14位大人加3位小朋友，成功到达1000天的有3人，最后一个开始的许佳欣也打了720天。还会不会有人加入？不知道，继续做好生命影响生命的事，有人加入我们欢迎，只要你肯跑，我就继续陪跑。

这个群一直有个口号：一个人做不了的事，一群人肯定可以。我的1000天成功里，能影响团队打卡是一份骄傲、一份肯定、一份跟随。林演星完成了1000天，依然继续打卡，自己还带动了一批小老师们每日打卡。曹姝玮结束了1000天后开启了另一个项目的500天，继续行走在长期主义者提升认知的道路上。

起初是我影响了她们，现在是她们影响了我，一个人、一群人，与其去学习领导力和影响力的文字资料，不如用行动来练习它们。感谢许晋杭老师的1000天打卡，让我的领导力和影响力都在每日的打卡里悄悄发生变化，给了我成长最好的养料。

第二个目标：自己做好榜样，影响糖糖登顶第二个1000天

起初我是糖糖的榜样，现在她是我的榜样，有这么厉害的女儿，我这个妈妈不能停止的就是自己前进的脚步。在我的意识里还知道1000天是个头，对于她，根本不知道这件事需要到什么时候停止，总之妈妈做她就做。我要继续做好榜样，让她超过我，登顶2000天。

第三个目标：借助写稿为写书继续积累素材

说来惭愧，写书这颗种子在2020年11月，许晋杭老师写作课结束后就种下了。可惜这颗种子就没破土过，每次都是猛然投入、盲目勤奋一段时间，就破罐子破摔。甚至几度崩溃，有了"我这个人果然终究还是没能力干这件事"的自我暗示。

我都放弃无数回了，可是点燃我的是许晋杭老师，和一直支持鼓励我的吴琼，都在这1000天里没有放弃我。因为有他们，我开始知道勤奋努力虽然重要，但深度思考比勤奋努力更重要。写书的目标应该是深度思考以后得来的，并且这是自己认定的东西，要矢志不渝地实现它。还要对自己设置项目管理，有明确的计划，需要长期持续深度专注地去执行。

为什么运营艺中工作我就这么得心应手，写书这件事却这么困难重重？因为事业工作上我可以当船长，做好规划和计划，这些自然有船员去执行。可是写书这件事，船长是我，船员也只有我一个，做计划调整方向的人是我，每天开船划船的人也是我。

抽离审视和全身心投入这两个能力都没那么容易，之所以到今天我还不放弃写书，就是想把这两个能力培养好。能把船长和船员这两件事都干得好的人，做什么事都做得成。

我也在不断地问自己：我到底能不能写出一本书？已知的是我还是要踏上这艘船，去当唯一的船长和船员。继续对自己下达指令，不仅要拿起望远镜确定航向，还要坐下来使劲划桨，用下一个1000天继续完成写书的目标。

我的学习原则是：我认为最重要的东西，我会让我的团队和我的女儿学。目前的优先级就是许晋杭老师的1000天打卡，因为打卡会需要我们自律和坚持，因为写稿会需要我们输入和学习，因为视频会需要我们练习输出和表达，因为时间节点，我们会不断增强时间管理和计划安排。

总之这1000天的路上会发生太多太多我们未知的事，也会遇到更多志同道合三观一致的人，同时告别了太多过往的惰性和懒散，远离了更多消耗我们精力且不同路的人。我能说，1000天让我明白了自己真正要去的方向，不断增强自己的能力，这便有了热血去浇灌我梦想的种子。

我是谁，在做什么事，用何种方法在何时要完成，都在我后半生15个1000天里，GO（走），继续出发吧！

【能量加油站】

我们来回顾一下今天的关键知识点：

很多时候，我们不知道坚持以后会发生什么样的改变，但是只要坚持下去，你会发现这会给你带来意想不到的惊喜。

孩子想放弃怎么办？学员范嘉琪有锦囊

　　很多孩子学琴中途都想放弃，家长被磨得熬不住的时候也就真的放弃了，我们学员范嘉琪也曾经历过，以下是她的分享，希望可以帮助更多孩子：

　　很多人都被钢琴那干净清透的乐音吸引，一下就喜欢上了。但这份喜欢，能坚持多久？到考完钢琴十级？到认为耽误学业该放弃时？还是一直到生命尽头？有多少人因为各种原因放弃？又有多少人将钢琴融入生活，日复一日年复一年地学琴、练琴、弹琴？

　　很多学琴的人都会有一段时间想放弃，我也如此。为了准备小升初考试，我总是会有写不完的卷子，背不完的单词和诗句，解不出的数学题。身边的人也常常会对我寄予厚望，要考上哪个学校，要努力争取……无形中，人们向我施加了许多压力。当时还在学琴的我就会听到"学琴会不会浪费时间啊""要不要停一停"这样的建议，我开始思考，事实是这样的吗？真的会浪费时间吗？那时候我思考了很久。

因为我迟迟没有反应，这样的话就出现得越来越多。以前我认为，大部分人都认为应该停的，那或许就是对的吧。于是我停掉了钢琴课，专心备考。然而，这个"停一停"是多久呢？刚开始停钢琴课的几个星期，坐上校车回家的路上，总会想：明天周六，有钢琴课，心里也下意识会开始盘算着我又几天没练琴了，回去又要练多久。

或许当时我自己都没发觉，原来我在想这些事的时候有多开心。但是恍惚间才发现，明天没有钢琴课。心里便觉得空落落的，就像一盆冰水，瞬间浇灭心中激动、期待着上课的火花。

是因为没有习惯不上钢琴课的日子，还是原来我已经喜欢到无法戒掉？

夏天总是闷热的，常常热到衣衫被汗水浸湿，让人烦躁。车内的空调很凉快，也不知道为什么，始终不能让烦躁又夹带着低落的心平复下来。有多少人"停一停"，就停了一辈子，一定很可惜吧。

学琴路上，我们总是会听到"像父母逼自己放弃，让自己把成绩提上去""因为学琴，成绩下滑""学琴多耽误时间"这样的例子。这些话语好像都可以成为我们放弃的理由。可学琴真的影响学习吗？

我并不这么认为，音乐有助于消除学习疲劳。每次我上钢琴课，身边只剩下乐声和老师打节奏的声音，烦恼、压力和所有的坏心情，好像都被不时吹来的温柔的夏风吹走，带走了心头的燥热，浮躁不安的心也慢慢平静下来。

　　很多有杰出贡献的科学家都喜欢音乐。爱因斯坦在研究"相对论"的日子里，每当思路不畅时，他便走到钢琴旁，用双手弹奏几个富有逻辑的和弦连接，以帮助开拓思路。可见，学琴在某种意义上说，还有助于我们更好地去学习。

　　我也是如此，以前我练琴都是一股脑的从头练到尾，犹如一艘没有指南针的小船，毫无方向的茫然的航行。慢慢地我才意识到，我好像不会练琴。练完了没太大进步，错的音继续错，曲子也不流畅，强弱、音色、情感更是一点边都沾不上。

　　我忍不住去向林老师请教如何练琴。老师答道："练琴要学会抓住重点，一遍遍地从头练到尾是没用的。可以把曲子分为一小段一小段，一段一段地去练。这一段有错音，那就反复练个十几二十遍，直到自己弹十遍都不会再错，甚至形成肌肉记忆。这一段强弱没把握好，那就反复琢磨，反复练习……"

我按这个方法练了一周，之前的问题都完美解决。甚至，我在写数学题的时候，也会不自觉地，把不会的知识点总结，同类型的放一起，针对练习，直到这类型的题不再错。"我们练琴要学会复习，即使你练好了这首曲子，也要时不时弹一弹，不然很容易就忘记。"

果真，几星期没练一首曲子后，再去看，还是会发现一些问题。学琴都需要复习，学习不更是如此？渐渐地，我也养成了时不时看看前面学习过的内容的习惯。我这才发现，在学琴时学到的东西，也可以运用到学习中。

如果我们在学习时，多一些勤奋，让爸爸妈妈看见我们的付出；如果我们在弹琴时，再多一些认真，让爸爸妈妈看见我们有多热爱弹琴，他们怎么会阻止我们做我们热爱的事呢？成绩不好或是父母不同意都不能成为我们放弃的理由。

从来没有人可以逼迫我们去做些什么，只要我们想去做，并且付诸行动，证明我们的观点、做法是正确的，就没有人能阻止我们朝着心中的方向继续前进。我很幸运，我不是那个一停就停了一辈子的人。

林老师（左）、嘉琪（中）、妈妈（右）

考完小升初的那个暑假，我回到了琴行，继续学琴，继续与钢琴相伴。意料之内，我已经落下了很多进度，时间的车轮不停在转，它不会停下来等我。

还记得那时练琴的同学们在准备考十级，离考级的日子已经进入倒计时，我停了一年，自然也赶不上考级，更不知道退步到哪了。所以我只能尽可能多排一些课，再多努力一点，再多练几个小时。

为了赶上他们的步伐，我会常常练到手酸。有时候还会因为一小段怎么都练不好，无意之间泪水占据了眼眶。但是一想到我没有别人努力，那怎么追上他们的进度？调节完自己的情绪，我又会斗志满满，心里有个声音在回响着：再多练一会儿。这样一步一步地慢慢追赶，我最终又可以和她们并肩前行。

那天，风好像格外凉爽，吹散了所有燥热。这个夏天，格外清爽，被温柔夏风拥抱的不断跳动的心，也归于平静。

现在想想，可能我最遗憾的就是没有和她们一起考十级吧。毕竟一群人朝着同一个目标一起奋斗的时光，是很难忘，很珍贵的。我原以为，因为我停下了脚步，我和她们之间会有隔阂。

但时间好像并没有在我们中间插入任何的沉默、茫然和生疏，就好像这一年我们仍然是并肩走过。所以，即使中途放弃了又怎么样，我们还是可以继续出发。

或许有人觉得，我停了那么久，落后了，跟别人拉开差距了，好像就没有别人高贵，不配拥有继续前行的资格。可事实上，在大众的认知里，梦想没有高低贵贱，只有实现和不实现。

在实现梦想的过程中，想放弃不奇怪，放弃了也不新奇，勇敢地拣起被不小心丢在角落的梦想也不会低人一等。现在想想：当时的放弃，是为了后来更好地开始。

相反，我们是勇敢的，虽然我们知道会落后，重新开始很难，但我们还是义无反顾的，拾起我们所热爱的东西。从来就没有低人一等，我们只是在追梦路上短暂停留了下，我们要重新找回丢失的自己，找回我们灵魂中缺失的一部分。

梦想，是人人都可以拥有的；追梦，是人人拥有的权利。有次老师上课时问了我："为什么现在还坚持学琴？"仔细想想，我学琴四舍五入也将近十年了。十年，一共是三千六百多天，数起来很长，过起来很短。为什么还坚持？是因为热爱吧，就像爱抽烟的人戒不掉烟，爱喝酒的人戒不掉酒，热爱弹琴的我戒不掉弹琴。

现在还在钢琴路上坚持走下去的人，一定很爱弹钢琴。古有千金只愿红颜一笑，那今便有万财不如对钢琴的喜爱，它是最重要的稀世珍宝。有的人也许一辈子都没办法实现梦想，但是没关系的。它陪了我们很久很久，哪怕有一天你我不弹琴了，它一定不会离开，它会一直在我们心里，一直都在。

希望我们都能找到真正热爱的事物，永远保持一颗炙热的纯真的心。愿我们此生，梦想光芒，野蛮生长，永不彷徨。我们的热爱与梦想，会像璀璨的星星一样，经久不朽。

【能量加油站】

我们来回顾一下今天的关键知识点：

当孩子学琴很难坚持的时刻，我们要学会放手，放下对孩子的控制，这才会让孩子更有力量重新开始。

首位成功挑战 1000 天练琴打卡的她，是如何做到的

自2020年1月起，我们正式开启了艺中练琴打卡程序，将近百名学员加入练琴打卡，历经3年，终于迎来第一位练琴打卡1000天挑战成功的学员刘淑君，她是如何做到的呢？我们来看看她的分享：

记录是件非常美好的事情，永远也不会因时光的飞逝而被遗忘，能让无变成有，并且能永久保存。记录，可以找到过去的影子，让生活有迹可循。

从刚开始打卡到现在一千多天的这段时间里，不仅仅在琴技上有巨大的收获，在其他方面也有一些突破。因为在钢琴方面的进步，让现在的我变得更加自信，能勇敢地站在台上讲话进行分享。

起初，是因为中心的钢琴作业也要打卡发视频，我带着学习的心态开始了我的每日打卡。这样做一可以记录自己每一天的练琴情况，二是看看自己最近练琴的变化。

后来有时也会想偷个懒不去做，但是自己好像又觉得这一天有什么没做的事，转念一想，打卡这一件小事，若是我认真做好，自己会有所收获，既然没有坏处，那我应该继续坚持下去。从我

下定决心那一刻，我就一直坚持着，这中间也会有想偷懒的小想法，不过我还是坚持下来了。往后在其他方面的事情上，我也会坚持下去，不去多想，直接去做就好了。

2020年，所有人都居家学习，也可以说是闭关修炼。因为不能出门，所以每天的学习和练琴的时间就变多了，我的琴技也是在这段时间才有这么快速的进步。《老子》里有一句话："合抱之木，生于毫末；九层之台，起于累土；千里之行，始于足下。"走1000里路，是从迈第一步开始的，做事情也应从头做起，逐步进行。再艰难的事情，能做到持续行动，必能有所成，因为量变才能引起质变。

由于我打卡交的作业有比较大的进步，新学期开学后，老师就给了我一个特权，钢琴课由小组课变成一对一上课，在中心的上台演出的机会也变多了。从加入小打卡到现在，让我收获满满，有林演星老师送的音乐会门票、在中心获得的上课特权、琴技上的飞速进步、敢于去挑战、变得自信、认识了好多小伙伴、演出的机会、比赛考级取得不错的成绩等很多很多，数都数不过来了。只有亲身体验才能感受到这个强大的力量，会有你意想不到的惊喜，会让你有底气，去做以前不敢尝试的事情等。

今年夏天还和优秀的琴童老师们参加《趣夏》中国作品合奏音乐会，与钢琴演奏家吴纯老师同台演出。小打卡这一件小小的事情，我认为是意义非凡的。

意义1：

1000天里，平均半个月练好一个困难点，那也差不多能解决

50个有问题的地方。

意义2：

21天可以养成一个好习惯，我现在已经坚持了1000天，形成了每天保持练琴的习惯。

意义3：

从2020年2月1日加入小打卡到现在，所有练习过的曲子都有迹可循，虽然练习时的细节不是都记得，甚至有些已经忘记了，但回看的时候，小打卡里的视频一点点唤醒了我的记忆。原来，时间用在哪里是看得见，听得见的。

意义4：

有了这个1000天的打卡，我想，不管以后学习、工作是否繁忙或者从事其他工作，都会坚持下去，到打卡第2000天，仅凭想像，就觉得是一件有意义、十分美好的事情。

意义5：

坚持需要的不只是时间，更是毅力、决心和勇气。能坚持打卡的出发点一定是那份无悔的热爱，热爱与打卡行为不矛盾，打卡是辅助手段，两者相互促进。在我看来，当你真正行动起来，那份热爱就变得更加真实、坚定。

意义6：

艺中琴童学院打卡社群里没有任何人规定，没有任何人催促，更没有人监督，我们是自觉地知道每天有练琴这样一件事情，让刚刚学琴的琴童看到哥哥姐姐们坚持练琴，他们也会养成练琴的好习惯。

在这1000天期间我经历了这几个阶段：

刻意练习期。在2020年2月开启打卡的前半年非常执着投入，把打卡这件事情列入重要事情当中，生怕把这件事情忘记。每天上完中心的课程就立刻练琴，录视频要到最好才肯罢休。

平淡忙碌期。新学期开学，热情的新鲜劲头过去了，在学校有很多杂事分心，练琴打卡这件事情的优先级就下降了，有时候甚至会忘记打卡。我觉得这是一个非常关键的时期，如果忘记初心，那么1000天的目标基本是无法达成的。那段时间，我诚然会有些疏忽，出现过几次没有打卡。但只要我们认定最初的1000天的目标，那么一切都不是问题。

融于自然期。打卡坚持了600多天后，基本就完全融于我自然的生活，像呼吸一样自然，成为我下意识的行为。很多时候如果学校当天有什么活动，没有时间练琴，我会早早起床先去琴房把练琴这件事情做完。

这3个时期里只要熬过了第二个时期，坚持最初的初心，那么1000天的打卡目标就变得没有那么遥不可及了，现在社群里也有几位小伙伴准备要到达1000天了。我认为，这是一场自己对内心的承诺，除了自己没有人监督。

也正是因为老师们每天都和大家一起打卡，给大家分享一些音乐视频，现在越来越多的琴童加入练琴打卡的队伍当中，我的小打卡才能坚持这么久，毕竟一个人做会很枯燥很难坚持。练琴这件事情本身是很枯燥，但是有一群人一起做就会不一样，事情变得简单很多而且效率也高，甚至还会觉得很欢乐。我们大家一起加油吧！

【 能量加油站 】

我们来回顾一下今天的关键知识点：

每当你做一个决定的时候，都问问自己：这个决定会让3年后、5年后的自己变成什么样？如果你单单看随后的几天或者几个星期，其实效果都不是很明显的。但是如果你能把目光移到未来几年后，或许这件事情的意义就会很不一样了。

要想真正持续做一件事，最重要的就是给它赋予一个重要的意义。而寻找重要意义的最简单的方法，就是问自己3年、5年甚至是10年以后，这件事会给我们带来什么。

3 >>>>>

时间力：管理时间清单，重建人生秩序

>>>>>

时间看得见，是最朴素的真理

很多人都说我有用不完的精力，他们觉得我每天都像打了鸡血一样，总是问我怎么可以完成这么多事，怎么做到工作、家庭、生活都没有耽误，如何把员工带得这么好，孩子教得这么好，大家感觉我是女超人，有无限的时间可以去做这些事。

表面上看，我作为艺中的创始人，事业、家庭双丰收。实际上，我是一名重度拖延症患者。

在创业的17年中，我一直在寻找人生目标和思考如何抵达。我清楚自己爱拖延，常常感觉时间不够用，在一次听完晋杭老师丰盈充实的2020年终总结和10年复盘后，我僵在那里，陷入了深深的恐慌中。试想有一天，你猛然回头，发现自己的城池依然荒芜乏味，而周边的土地早已繁花似锦……

我深受触动，我想要改变自己。潇洒姐的《时间看得见》中有一句话："你是你的机会，你也是你的瓶颈。你是你的问题，你也是你的解决之道。"我们能成为什么样的人，是因为我们选择成为什么样的人。虽然我不知道我的未来会发生怎样的改变，但我坚信，我一定是朝着好的方向改变的。

我经历了多个100天打卡又经历了1000天打卡，在我不断学习和成长的路上，在我不断觉知与蜕变的过程中，我可以很骄傲地说：我终于把时间变成了我的朋友。

我是怎么做的呢？我做了最重要的一件事：重新定义我的时间。

1. 好好用第三个 8 小时，为自己创造更多价值和意义

罗伯特·帕利亚里尼在他的著作《另外8小时》中提过的"三八理论"：回顾我们的一天，都是由三个8小时组成。

第一个8小时，大家都在工作。

第二个8小时，大家都在睡觉。

人与人的差距，就藏在第三个8小时里。

如何度过闲暇时间，是决定一个人生活水平高低的重要能力。如果我们利用好人生的第3个8小时，其实就是投资自己，让能力得到历练和提升。胡适先生为激励毕业生，说过这样一段振聋发聩的话："一个人成就怎样，往往靠他怎样利用他的闲暇时间。他用他的闲暇来打麻将，他就成了个赌徒；你用你的闲暇来做社会服务，你也许成个社会改革者；或者你用你的闲暇去研究历史，你也许成个史学家。你的闲暇往往定你的终身。"

4年、5年、10年以后，差距就会逐步显现。当你能够克服自己的懒怠，想要的生活就会奔你而来。具体怎么做呢？从琐事当中争取每天不被打扰的时间。三八理论的核心是每天要从万千琐事和突发状况中，争取出2~4小时"不被打扰的时间"。很多事情，比如学习、写作、思考、上课，只能在"不被打扰的时间里"

完成。连续的、不被打扰的2小时，其价值远远超过8个15分钟。

我深有体会，虽然白天有一整天的时间，但都是破碎的，不是有"外界的信息流"，就是有"生命中的事件流"。有一段时间，我每天从关闭3个人朋友圈到关闭5个人朋友圈，我的朋友圈人越来越少，我被信息流的干扰就越来越少，我能聚焦做事的时间就越来越多。

每天晚上，家里人都睡了的时候，我感觉整个世界都安静了下来，这时脑袋也是超级清晰和灵光，上千字的文稿一气呵成地写完，这个时间段正是"我不被打扰的时间"。"不被打扰的时间"，让我没有在度过时间，而是在使用时间。

2. 践行五种时间，重建人生的秩序。

我曾和很多职场女性一样，在职场和家庭中不断地找平衡，但读了王潇老师的《五种时间》之后发现我们人生其实要的不是平衡，而是要做五种时间优先级的排序。

有哪五种时间呢？

生存时间：识别逆境，稳定情绪，缩短被动生存时间，开启主动生存时间，这大概是应对生存时间的二十四字方针。

赚钱时间：选择一颗有核的雪球，选择一个又湿又长的坡，然后做一个长期主义者，展开行动，用你的手将雪球轻轻推出，让它在未来持续滚动。

心流时间：所谓"心流"，就是许多人形容自己表现杰出时的那种水到渠成、不费吹灰之力的感觉，也就是运动家所谓的"巅峰状态"、艺术家及音乐家所说的"才思泉涌"。

好玩时间：实现好玩时间的能力根本上不在于到达目的地和购买机票的能力，而是一种精神能力，即去玩时永恒的好奇心和永远玩下去的生命力。

好看时间：一个人要搞清楚世界上究竟有多少件能让自己容光焕发的事。

从时间的洪流中，我一直在做每日清单，清单里每一件事我都想完成。但每日我都会选择先完成当下最优的，其余的按照大小排序，再解决。当然，优先级的排序选择，也不要太纠结，因为任何旧有的习性要打破重建，都很艰难，我们要接纳自己改变的过程。

当我真正重建后发现：我原来还有那么多的可能性！比如我用五种时间快速完成了工作，同时我也将五种时间用在家庭教育中。糖糖也开始跟我一起践行五种时间，因为在她身上看到的明显效果，所以我把它引入公司的半日营项目，结果又有了很多正反馈，自己都被深深吸引和感染了。

现代管理学之父彼得·德鲁克说：所有的"管理"，核心都是"自我管理"，而"自我管理"的核心，是"时间管理"。好的时间管理，应该能同时做到产出最大化和自我满足，愿我们都在自己的五种时间里，活出自在且丰盛的人生。

时间从来不说谎，你的时间花在哪里，你就会成为什么样的人。当你每多坚持一天，就多增加一分未来的可能性。你的城池就这样被建造起来，日渐繁华，固若金汤。

　　我们来回顾一下今天的关键知识点：

　　如果你也爱拖延，可以重新定义自己的时间，因为所有的管理，核心都是时间管理。具体怎么管理呢？

　　第一，用好第三个8小时，为自己创造更多的价值和意义，人与人的差距就藏在第三个8小时；

　　第二，践行五种时间：生存时间、赚钱时间、好看时间、好玩时间、心流时间，重新安排人生的秩序。

制造赛点：从被动生存走向主动生存

最近早起我都选择在房间里工作，只为了让糖糖多睡会，如果我在外面，里面房间很快听到她叫"妈妈"的软糯声音，或是有一个小人跑到你跟前。在里面房间拉着窗帘，黑漆漆一片，一看时间，6点左右，书是看不成了，只能看手机。可正因为如此，我被手机里的内容吸引的时间越来越长，公众号、视频号、微博、网站甚至购物车，回想起来，原本的延迟满足不仅全部提前，还过量满足。

很多时候我们因为控制自己的能力不足，还有外部条件的一些限制，没有办法做到主动选择时间，其实这就是我们的被动生存时间。如果我们的时间都被生存时间所占据，我们不能主动去选择，我们就会感觉自己忙碌了一天，好像没有什么收获。该如何掌控我们的生存时间呢？

第一，觉知自己，是理解生存时间的基础

生存时间大部分会发生在我们能力还不足的时候，比如我们处在行业起点，因为万事开头难，再比如我们很难突破自己的职

业瓶颈的时候，被卡住，迷茫焦虑。这时，我们需要有觉知：这就是我们处在生存时间的当下。

孩子也是一样，让孩子明白什么是自己的生存时间。你可以告诉他：生存时间就是今天一定要做的事，如果不做就会受到外界的各种提醒和问询。比如，如果今天练琴没有完成，家里总会有人问你"什么时候练琴啊""去练琴吧""快点练琴"……如果你完成了，这个声音就不会存在。简单来说，生存时间出现在被安排的时候，练琴、讲故事因为每天都要做，肯定是被安排事项。

第二，转念，从被动生存走向主动生存

认识到自己处在被动生存时间里，要学会转念，从被动生存走向主动生存。这时我们要采取行动，改变就会发生。如果不改变，就会不断地在各种生存时间里受煎熬。舒适永远是相对的，而困难永远是绝对的，逃出，意味着去往更高的地方经受考验。

题，一定是越做越难的。因为生存时间是人生最大的比重，不会永久消失，只会被阶段性周期性地逾越，然后再以其他面貌、更高级别的挑战重新出现。生存时间的痛苦就是人生的底色。叔本华说："人生就是痛苦，我们可以把痛苦转换成幸福。"努力就是转化的过程，尽管在这个过程中，我们可能会感到更加辛苦。

人生本身就是一场与痛苦并存的旅行，我的方法是给自己制造不断攀登的赛点。因为有了赛点，我才会去准备自己的比赛，让自己对时间更有掌控感。比如我的新书签书会，公司的年会等，这些都是我的赛点。因为要准备比赛，我也一直拼命学习，把自

己拉出狭隘的区域。

当我能够更加主动地掌控时间，专注的时间自然变多，我又重新建立了生存时间，内心慢慢清晰了起来，内在的价值排序一目了然。我是这样做的，我也是这样引导糖糖的。对于糖糖来说，讲故事和练琴就属于主动生存时间，这件事还会需要偶尔提醒，但她做起来没有受限、充满挣扎和煎熬。整个过程她自己很享受音乐，练习的内容都不需要推动，开始进行后都是她自己完成。

有一段时间糖糖的游泳课因为从BB班升级到长训班，时间变成一个半小时，这对于她的体力和耐力都是大考验。游泳原本是她最喜欢的运动，可是那段时间她非常排斥，我和爸爸做了很多引导，甚至我们有过一节课就陪着她看别人游没下水，我还在岸边又唱又跳，和她一起做游戏，逗着她往前游。好不容易，她又重新开始喜欢上了游泳，我们要面对如何从被动生存走向主动生存，而不是放弃。

如何让孩子自己把被动生存时间变成主动生存时间呢？我的方法是永远给孩子选择权。糖糖的每日安排表上，所有的任务选项不是我来做全部的决定，糖糖也要参与决定。就像有一天休假，我想的是难得可以让她睡个懒觉，所以我起来时就没叫她。大概快9点时听到房间里的哭声，我进去看她，她不理我，脾气特别大。

我在想是因为起床气吗？她好久没有起床气了，我赶紧用游戏哄她，也不管用，哭得还更厉害了。最后双方都平静地躺了一会，她才质问我：为什么没有叫她起床？

原来她是因为我没有跟她沟通而生气，她自己不愿意睡懒觉，她想早起来，而我只是按照我的"为你好"来进行了。我们每当回忆起小时候，是否能回忆起自己做决定时的快乐，和父母强制替你做选择时的痛苦？每当糖糖选好一个项目，我会再追问她一句："你决定了吗？这是你选的哦？"等到糖糖的回答："我决定了。"

这个日程表上我才确定这样安排。包括早起，她已经坚持了4周，我自己也在努力坚持中，能体会有多难做到，所以睡前我依然还是会问一下：明天要跟妈妈一起早起吗？糖糖说："当然呀！"

听到这声回答，早晨无论她睡得有多香，我都能坚定地"戏弄"她起来，因为是她自己决定的，所以她没有一点起床气，6点45分叫她，7点，糖糖已经能洗漱完毕，坐在桌前吃早饭了。

我希望未来的糖糖在做各种重要选择时，内心也会浮现出"我决定了"这句话和它代表的意思。只有当她意识到是自己的选择，才会为自己的选择负责任。这真的是重要的人生一课。

那天早晨糖糖生睡懒觉的气，让我发现，我会没法避免的把自己的生活经验和好恶加入到糖糖的引导之中。一些我认为不在目标内的事情，糖糖则会认为是重要的，每天应该完成的。在孩子的概念里，真是没有放松、放纵和放假啊！

【 能量加油站 】

我们来回顾一下今天的关键知识点：

很多时候我们因为控制自己的能力不足，还有外部条件的一些限制，没有办法做到主动选择时间，这就是我们的被动生存时间。我们需要如何做才能更主动的掌控好自己的生存时间呢？

第一，我们需要不断的觉知自己，这是理解生存时间的基础。

第二，有觉知后，我们要学会转念，学会从被动生存走向纵深，我的方法是给自己不断制造赛点，让自己对时间更有掌控感，而在培养孩子的转变上，我会让孩子有选择的权利。

赚钱时间：硬核人生的必备模块

金钱是现实社会给我们的热烈掌声。我们每个人都想有热烈的掌声，问题是如何去实现。很多女性在职场中都很迷茫，不知道在热爱中坚持自我，还是在本职工作上做更多的探索。我有幸一开始就从事音乐教育，从事了很多年，但是很多人很难一开始就做一份自己喜欢的工作，因为这是一个极小概率的事件。

大部分人不知道自己喜欢什么样的工作，稻盛和夫曾说："因为热爱而沉迷，可遇不可求，因沉迷而热爱，一定会发生。"也就是说能不能通过努力获得持续的正反馈，比工作内容是否有趣要重要得多。

因为正反馈越多，信心就会越足，信念就会越强。我通过自己的专业获得家长的认可和反馈，更让我开心的是我做的很多事情都持续获得团队和家长的反馈，比如我们举办各种比赛音乐会、演讲打卡和带孩子们做户外旅行等，家长都强烈支持我们。

为什么会有持续的正反馈呢？因为我在赚钱时间里坚持两个原则：

1. 能够坚持长期主义，信所未见，延迟满足

贝聿铭被誉为现代建筑史上"最后一个现代主义大师"，他于102岁生日后去世。他一生中极为著名的作品——法国卢浮宫入口的玻璃金字塔落成时，他已71岁，又在87岁时设计中国驻美国大使馆，89岁时在自己的故乡完成苏州博物馆新馆的设计。之后，贝聿铭又设计了一系列的重要作品。

"寿司之神"小野二郎1925年出生于日本，如今已98岁高龄，曾是全世界年纪最大的米其林三星主厨，而《寿司之神》这部纪录片拍摄于2011年，当时他就已经86岁了。但就执业年头，料理界已无出其右，毕竟小野二郎从事料理行业超过70年。

大师之所以成为大师，是因为坚持的时间足够长。我也是一个长期主义者，我在音乐教育的道路上已经坚持了23年，记录糖糖的成长已经写下7年的日记，演讲打卡坚持了4年。能把长期主义转化成持续行动，其实是一种战略能力储备，一个国家需要自己的战略储备，一个公司需要自己的未来发展战略，我们也需要储备这样战略性能力。

关于长期主义，还有一个更宏大的命题：我们在这个社会能够创造什么样的价值？在这个时代会留下什么样的痕迹？纵观历史，没有哪一个时代能给予普通个体这么多的成长机会。我觉得我们这个时代，至少要通过长期主义的持续行动，为社会创造价值。当我们为社会创造有价值的产品，社会自然会把价值回馈给我们。

2. 要保持核心竞争能力，让自己的能力螺旋式提升

不能只在纸上做长期计划，需要每天都刻意安排赚钱时间，专注去发现和打磨核心竞争力。赚钱时间在时间管理上很容易掉进生存时间里，如何安排调整生存时间和赚钱时间，是一个长期主义者的必修课。

在四象限里，只有你高效解决了"又重要又紧急"和"紧急不重要"区域的事情，才有可能来到"重要而不紧急"的赚钱时间。

核心竞争力要通过努力，才可以使它超过行业的平均水平，这个努力就意味着我们要付出时间、精力，大量的投入。可在培养核心竞争力的路上，我发现处处都是对我的考验。当时，因为新型冠状病毒肺炎疫情，培训真是进入了最艰难时期。家人担心我，我更担心她们。当时盼望着我们尽快开课，我的家人也尽快能回来。

可是原计划的家教模式，也因为客观条件不允许而很难进行。所有的打法被现实所限制，全部要重新调整，在这种情况下我还要照顾好家里，这对我来说真是巨大的挑战。我也越来越明白：人生就是有很多这种跌宕起伏的时刻。没有人能够一路顺遂，我们要学会坦然地面对高峰和低谷。

我做的第一件事是回塘厦工作，也打电话请婆婆回来帮忙过渡一下。家里有老人肯帮助照顾家真是福气，那段时间糖糖不上学在家，家里正常三餐真是很有必要。

第二件事是保障现金流让店内正常运营，于是我开始触碰常

年不动的股票，从而有了一部分收益。因为当时2月线上的上课率也很低，3月还不能开课后，随之而来的租金、工资、社保都将是重压。我必须做到破局，能够让企业有新发展，带着大家赚钱。为了做到这些，我们一直都在持续学习，因为你赚不到认知以外的钱。

其实更准确的是：你赚不到眼界以外的钱。认知倒是其次，看见是最重要的前提。看见的过程，就像种子法则，相当于在自己的头脑中种下了一颗认知的种子。只要不断前进，获得正确反馈，这颗种子或早或晚，就会生根发芽，开花结果，最后硕果累累。足够的眼界，永远是正确认知的前提。见得不够多，所有的看见，都不过是偏见。

那段时间也非常感谢糖爸的合作。虽然压力很大，但是糖糖爸爸每天听商业课程、写作业、做笔记，跟我分享，一样都没少。当初我的好多商业课没听完，作业没写。有时糖糖爸爸听商业课没听懂就来回听，有一天晚上，我在家里眼睁睁看着他一个章节听了三遍，还不停做笔记。他是要么不做，决定做了比谁都认真，对学习以及商业的热爱让我敬佩。

庆幸的是，我们携手渡过了难关，还发展出第二曲线JustGo户外品牌。在质疑和讨论声中，我也曾无数次怀疑过自己，甚至悲观地想要放弃。每每在心神不宁时，我总会想起《长安十二时辰》里的一句话："站在高处望深渊，坠入深渊识攀爬，人不活一个点，人活起伏。"与你共勉。

【 能量加油站 】

我们来回顾一下今天的关键知识点：

正反馈越多，信心就会越足，信念就会越强，我们就会进入赢家效应。我在赚钱时间里面坚持两个原则。

第一，能够坚持长期主义，是因为信所未见，所以延迟满足。能把长期主义转化成持续行动，其实是一种战略能力储备，一个国家需要自己的战略储备，一个公司需要自己的未来发展战略，我们也需要储备这样战略性能力。

第二，要保持核心竞争能力，让自己的能力螺旋式提升。在四象限里，只有你高效解决了"又重要又紧急"和"紧急不重要"区域的事情，才有可能来到"重要而不紧急"的赚钱时间。

长期主义：爱美，也是生产力

这些年，我忽略了一个重要的事实，那就是，好看时间是我用了很多年才攀爬到五种时间里的，但很可惜，好看时间还不是我时间花园的顶部，我也依然在努力的路上。

我因为生存时间而肩颈酸痛，我在度过赚钱时间后疲惫得不想洗头，但当我带着孩子奔赴各种好玩时间的体验后，有一次，走进一个美女如云的学习会场时，惊觉日程表里必须安排上这件重要的事情：我从此必须开始锻炼，必须开始养护身体了。

潇洒姐的《五种时间》中有句话："要搞清楚世界上究竟有多少能让自己荣光焕发的事，好看时间并不是一定要刻意花时间才能执行，只有随时随地地体现在日常秩序中，才能实现长期主义的好看。"要在漫长的岁月中，认识到什么是真正的好看，并持续把这种好看的方式变成行动，最终稳定地呈现在自己身上。她对好看时间的诠释，让我开始喜欢自我改变与行动，我不知道我的未来会发生怎样的改变，但我坚信，无论是哪种改变，都一定是朝着一个好的方向的。

凡是我觉得不重要的，是因为我还没有享受过它的红利。一旦我们意识到好看红利，就会开始源源不断地为此付出代价。首先我们会付出时间代价，会研究、对比和模仿，把能让自己变得更好看的时间都预留出来。我开始慢慢的意识到"好看"在生命中有多重要。

既然意识到了，对于行动派的我来说，就开始积极改变吧。

第一，重视好看时间里的基础——健康

之前因为想做的事情太多，所以我几乎每天都熬夜，熬了将近有20年。从2020年11月起，我开始决定让自己早睡，因为我意识到我的生命很有价值，要做很多有意义的事情，我必须健康，所以我给自己规定每天晚上11点之前睡觉，手机不带入卧室。

如今我终于做到了早睡早起，我11点之前终于可以放下手机，睡个好觉。早上5点多起来写作打卡，让自己有更多的时间去做喜欢的事情。

第二，享受有生命力的好看时间

我每天会做清单，列出要做的事，排出优先级，时间管理非常高效，工作时间从不聊微信、不看视频、不忙其他无关的事情，能电话解决的决不见面，能两句话讲完的不说第三句，能同时并行的宁愿辛苦点，也要优化时间齐头并进，正因为时间破碎，所以更要学会把时间折叠起来用。

折叠时间相当于一个高能时刻，指的是同一个绝对的单位时间中，你能够从事两种时间以上的事情，以下是我折叠时间的实践：

我会边跟着潇洒家的健身100天打卡边带娃，边开车边听写作

100天学习，边敷面膜边看书，边等孩子培训班下课边写自己的工作方案。甚至，我很清楚自己穿什么风格的衣服好看，固定几家店、几个品牌，用最短的时间把自己收拾得妥帖得体。

好看对我来说，绝不只是外貌和身材的好看。能够经得住岁月考验的美人，维持美貌的方式不是贴面膜、打玻尿酸，像日本的不老仙妻水谷雅子那样每天做4次面膜泡、3小时澡，把人生1/3的光阴都用在维护美貌上。美貌是个太易消耗的资源，除了需要外在的养护，更需要内在的滋养。

30岁以前，女人漂亮是老天赏饭吃，而30岁之后还能光彩夺目的，就是后天整体修炼了。所以，好看时间更是生命力的好看，我们需要对身体自信，对健康自信。我会经常带着糖糖跑步，因为孩子也像我们一样，在未来会慢慢衰老，衰老之后，你会对身体各种不自信，很多人生的快乐时刻可能就没法体会到。

我们一直倡导在玩中一起学习，自然里去发现，我们在JustGo户外活动里还搭配好玩的乐器，让音律、节奏、乐感融入其中，鼓励他们大胆自信的表演，把运动与美育相结合，让孩子们充分体验阳光、汗水、交流和审美。

当你对身体自信时，才会勇于接受很多人生的任务，因为你可以将很多的精力分给别人，也更乐于助人，让人觉得你很外向。在这个过程当中要与更多更优秀的人共处，把自己变得更加积极有趣。那些看过的风景终有一天会在脸上沉淀成一道独特的风景线，超越年龄的磨损闪耀温润的光彩。

第三，不仅要好看，还要长期主义的好看

比起拼脸的好看，我更热衷于长期主义的好看，把好看的时间维度拉长，让好看在人生的各个方面体现。

这么多年我持续学习，不断折腾，因为只有不断成长才有可改变的人生。那些在长期主义里好看的人也一直都是我学习的标杆，比如吴彦姝，她出演了近30部电视剧、电影，且依旧日日磨炼自己，背台词、学英语、打篮球，能平板支撑、完成劈叉，随时准备进剧组，年纪愈长愈活跃。她不一样的活法让我惊叹，她用自己生命的厚度诠释了女人的心态，就是你的年龄。

我也欣赏获得奥斯卡的华裔女演员杨紫琼，她被美国《时代》周刊评选为2022年的"年度标志人物"，在奥斯卡颁奖典礼上，杨紫琼手捧奖杯说："女人们，不要让任何人去对你下定义'你年华已逝'，永远别放弃。"

每一位热爱生活的女性，都应该始终对这个世界充满好奇心，不断去满足自己的求知欲，用时间的长度来感受内心的路慢慢地呈现，应该是一件很美妙的事情。就像毛姆说的："人生实在奇妙，如果你坚持只要最好，往往都能如愿"。

人的一生总该有所追求，不管是谁，不管什么年龄。"18岁的女人有容颜，28岁的女人有自信，38岁的女人有风韵，48岁的女人有阅历，无论你在哪个阶段，都要精彩地活。"58岁、68岁又如何，若有才华藏于心，岁月从不败美人。

【能量加油站】

我们来回顾一下今天的关键知识点：

一旦我们意识到好看红利，就会开始源源不断地为此付出代价。我们会付出时间代价，会研究、对比和模仿，把能让自己变得更好看的时间都预留出来，积极来改变吧。

第一，重视好看时间里的基础——健康。

第二，享受有生命力的好看时间。

第三，不仅要好看，还要长期主义的好看。

好看时间会在时间的长河里回报你的努力。

心的空间：未被占据的时间拥有最高的价值

你是否会漫无目的地刷抖音、微博，要么就是沉迷综艺、电视剧而无法自拔，事后又后悔？这是智能手机时代的一大难题。

我们的内心需要好玩时间。什么是好玩时间呢？好玩时间其实是由无聊时间变成的，因为无聊是一种让人不能忍受的低兴奋状态。

我以前有点怕好玩，因为我不能控制自己进入好玩时间的开关，不知道什么时候开始产生兴趣，也不知道什么时候才能抽身而退，现在的智能手机"信息流"一推送，就容易对信息流上瘾。

怎么办呢？

1.不要努力挣脱上瘾，而是要转移成积极上瘾

美国心理治疗学家威廉·格拉瑟在《积极上瘾》这本书里提出：上瘾分为积极上瘾和消极上瘾。前者好理解，比如我们放任自流地刷各种社交平台，打游戏。我们大多数人都在消极上瘾里拼命挣扎，其实我们可以跳出来，从另外一个角度帮助自己，这个角度就是积极上瘾。

积极上瘾，它可以简单概括为"对做自己喜欢的事情入迷"，无害且可持续，比如说运动、画画、阅读、静坐、冥想、旅游等。

一旦让大脑形成一种认知并建立新的神经链接，就会让你感觉自己只要做这件事情，就会感觉很开心，而做这件事情的满足感就会吸引自己继续下一次。与其控制自己的欲望，不如给自己另外一个选项，就是培养自己积极上瘾的行为，把注意力分配给那些对我们更有价值的事情。

2.让心灵拥有开阔的空间，是内心富足的开始

更重要的是，好玩时间是我们心的空间。周国平在《当你学会独处》这样写道："未被占据的空间和未被占据的时间具有最高的价值。一个富翁的富并不表现在他的堆满货物的仓库和一本万利的经营上，而是表现在他能够买下广大空间来布置庭院和花园，能够给自己留下大量时间来休闲。同样，心灵中拥有开阔的空间也是最重要的，如此才会有思想的自由。"

心灵的自由空间是一个快乐的领域，其中包括创造的快乐，阅读的快乐，欣赏大自然和艺术的快乐，情感体验的快乐，无所事事的闲适和遐想的快乐等。所有这些快乐都不是孤立的，而是共生互通的。

无论你多么热爱自己的事业，你都要为自己保留一个开阔的心灵空间，一种内在的从容和悠闲。唯有在这个心灵空间中，你才能把你的事业作为你的生命果实来品尝。如果没有这个空间，你永远忙碌，你的心灵永远被与事业相关的各种事务所填充，那么，不管你在事业上取得了怎样的外在成功，你都只是损耗了你的生命而没有品尝到它的果实。

以前我总是在生存时间和赚钱时间里，完全忽略好玩时间，

现在学会享受好玩时间，这才是正向生活。我经常会让糖糖陪着我工作，不仅因为我除工作外没太多时间陪她，也是因为想要丰富她多元的生活体验。

有一天，带她去参加了新阶联的新春活动，感受了写春联、画年画的氛围。她站在那里盯着别人写书法看了很久，"妈妈，为什么那么大的毛笔可以写在那么小的纸上？""妈妈，为什么要倒着看这个字？""妈妈，我也想拿这个粗粗的笔写字。"看，成功植入了学书法的可能，果真是看见才是可能的前提。

带糖糖一起工作，她也越来越愿意和我一起待在办公室，外面的电视都不太吸引她。我在糖糖身上看到了和家人共享一个目标，我们都认可，而不是单方面执行，感受一起执行的快乐。尊重孩子，给孩子选择权，工作上如此，生活也要一致。然后找到喜欢做的、值得做的、有能力做的事。

因为工作的繁忙，我总是觉得对糖糖有陪伴上的亏欠，所以玩起游戏我会很投入，百分百配合和满足，此刻疯妈妈上线都值得。"妈妈，你怎么这么好玩啊！"这是糖糖经常对我说的话。

很多人问："为什么糖糖如此黏你啊？"其实，她为了和我在一起，她可以抵御任何诱惑，以前我爱回答，孩子都很黏妈妈，现在我可以很自豪地说：因为妈妈太好玩了！带着孩子尽情感受好玩时间的快乐，比如无聊中的快乐、松弛的快乐、放松的快乐、探索的快乐、创造的快乐，这些是副交感神经的快乐。我也一直在想怎么样带着孩子，能够在好玩时间里玩得尽兴，同时能够兼顾工作，于是我们创立了JustGo户外品牌。

做JustGo就是想好好呈现如何得到好玩时间，让孩子尽情感受运动中的释放、大自然中的松弛、对未知的探索，还有整个活动过程中的创造，而且带着孩子们一起玩，才更好玩的基础。

书本上的知识看得再多，都不如实践中的感知来得更深刻，更具体，比如孩子们会发现原来路边的落叶还能制作成帽子，树枝还能制作成风向标，沙子还能制作成彩色的画。所以，JustGo户外活动一经推出，很快就受到了很多家长的广泛好评。

在好玩时间的体验中，我充分感受到我在创造我的人生。创造比体验更好玩，玩起来更投入，更持久，更欲罢不能。好玩时间带给我的更多的是一种有质感的生命体验，与世界相遇的过程中，一定能收获更多的美景，当然也包括你自己。

【能量加油站】

我们来回顾一下今天的关键知识点：

我们的内心需要好玩时间，首先，我们不是要努力挣脱上瘾，而是要转移成积极上瘾，对做自己喜欢的事情入迷，体验更多的创造。

其次，无论你多么热爱自己的事业，你都要为自己保留一个开阔的心灵空间，一种内在的从容和悠闲。唯有在这个心灵空间中，你才能把你的事业作为你的生命果实来品尝。

心流体验：改变生活品质的钥匙

有一天晚上，我收到厚林发来的视频，而这个视频是他自己录了二十几次才选择一个满意的发给妈妈。看到妈妈的留言，我知道厚林终于在枯燥的练琴中找到了心流状态。

一直以来他都不属于主动练琴的孩子，这次要去澳门参加比赛，仅一个月的时间，他主动选了新曲练习，要增加的练琴强度可想而知。学校里的功课作业已经应接不暇，还要去上各种兴趣班、补习班，这样的情况下他提前两周完成钢琴作品，为自己争取精进时间。

厚林练琴的感受，就像电影《心灵奇旅》里提到每个生命必须具备的"火花"一样。我理解的《心灵奇旅》里面的"火花"，不是天才们的专长，也不是某个高光时刻或者功成名就的事件，而是那种在一生中无数个点亮自己灵魂所热爱之事的时刻。

我也是从小琴童一路练过来，开始在专业上有所成就后，才终于知道，辛苦地学习以后进入的那种庖丁解牛、触类旁通的"心流"境界，才是真正的先苦后甜。不仅如此，这种练习的甜，还成为我生命中最灿烂的那朵"火花"，让我越来越热爱，更加坚定为之努力。

电影中的"火花"就是"心流"，进入"心流"状态是人生非常独特、美好的一种体验。"心流"让我们更多体会合一的境界，当我们能有更多合一的状态，内心也就越来越能找到平和、平静的状态。而每当生活中有挫折的时刻，体验过更多心流时刻的状态会更快地帮助我们找到平静的时刻。

心流到底是一种什么样的体验？米哈里·契克森米哈赖是第一个用心流为这种人类心理现象命名，并用科学方法对这个概念展开深入研究的人。米哈里教授观察调研了运动员、艺术家、国际象棋手等不同人群，这些人所描述的最幸福的时光都是他们全身心投入某件事的心理状态，感受也颇为相似。米哈里本人这样描述心流的体验和定义：

"你感觉自己完完全全在为这件事情本身而努力，就连自身也都因此显得很遥远。时光飞逝，你觉得自己的每一个动作、想法都如行云流水一般发生、发展。你觉得自己全神贯注，所有的能力被发挥到极致。"

这是一种令人向往的奔涌和洪流的状态。重点来了，我们并不能随心所欲地进入心流时间，心流时间不是刻意留出来的时间，它也不是单独存在的时间，它是一个你需要去感受去寻找的时间。简单来说，进入心流时间是需要刻意练习的。

我平时是这样训练自己的：

1. 三件套，帮我建立心流时间的仪式感

为什么要建立仪式感呢？我们主动建立心理锚定，当我们的仪式感一设定，就像膝跳反应一样，迅速能让自己平静下来，进入角色能避免一切小动作和精神分散，这样就能够迎接心流时刻的降临。以前，我每天想做的事太多，清单上列出来都有20多条，不停地给自己增加难度，现在我更注重事情的优先级，每次做完一项，逐条删除的那一刻，心流时间闪现。

喝咖啡也是我的仪式感之一，最近还有一样小东西进入了我的仪式感：沙漏。每次把沙漏倒过来时，我就像开启了和时间比赛的模式，有种争分夺秒的沉浸，如果写完最后一个句号抬头看到沙漏还没流完，内心感觉十分舒爽。而专注带给我的结果，毫无疑问，处理问题非常高效、高质。

咖啡+沙漏+清单=我的仪式感，这三样天天陪伴着我，同时也见证着我所有训练的前行。

2. 建立防干扰结界

建立防干扰结界，就像为心流时间建立了一个防御罩，屏蔽干扰，省得我们陷入被干扰到重新进入状态的循环中。屏蔽干扰是能让我们专注的最重要条件。对于我来说，最大的干扰就是手机。每一个红点、每一个软件、每一次提醒都在影响我的状态。

我从创业以来，十几年的时间都在熬夜，通过刻意训练，如

今我终于成功做到早睡就是靠"把手机请出去"这招完成的。所以沙漏和清单都是我"抵抗"手机的好工具，一个避免我看手机，一个提醒我还有比看手机更重要的事去做。做一个聚精会神的人，是一生极为重要的事。

3. 颅内模拟大师

每个人都会有心中的偶像，当我们在心中召唤出那个理想化身，通过强大的信念力量，就能够投入专注开启心流时间。熟悉我的人都知道，我经常学习大师的优点，团队每次都会从我的文章、谈话、做事中看出来我最近又在努力成为谁。

当我被什么人吸引后，我就会通过视觉化模拟，把他的图片放在我经常能够看到的地方。经常会去思考，如果我是他，我会怎么处理当下的事情。好多时候我的心流时刻出现，都是因为感受当下我就是心中那位大师。

当我觉得自己是他/她后，特别满足也特别有动力，潇洒姐、许晋杭、柳婉琴、申小姐、罗振宇、罗永浩……甚至我在看《火星情报局》时，我都会变身汪涵，因为他是我欣赏的人。

变身这件事情会上瘾，时间长了你就会真的变成这个人。

心流，就是把注意力完全放在当下。当你生命中心流时间越来越多，甚至你能随心所欲的进入心流时间，不受外界的限制，你就掌握了改变生活品质的钥匙。心流时间是人生最重要的时间，因为在心流时间中，我们会完全体会一个有价值、有意义的人生。祝福我们都能用心流时间来过我们的一生。

【能量加油站】

我们来回顾一下今天的关键知识点：

心流，就是把注意力完全放在当下。当你生命中心流时间越来越多，甚至你能随心所欲的进入心流时间，不受外界的限制，你就掌握了改变生活品质的钥匙。

怎么做到呢？

第一，建立心流时间的仪式感，我们主动建立心理锚定，当仪式感一设定，就像膝跳反应一样，迅速能让自己平静下来，进入角色能避免一切小动作和精神分散，这样就能够迎接心流时刻的降临。

第二，建立防干扰结界，就像为心流时间建立了一个防御罩，屏蔽干扰，省得我们陷入被干扰到重新进入状态的循环中。

第三，开启颅内模拟大师模式。每个人都会有心中的偶像，当我们在心中召唤出那个理想化身，通过强大的信念力量，就能够投入专注地开启心流时间。

4

游戏力：重新践行"联结"的力量

>>>>>

游戏力不是方法，而是人生哲学

《力量从哪里来》的作者李一诺分享了自己和三个孩子之间的一个小故事。"我的三个孩子都会问我这样的问题：'妈妈，你最喜欢哪个孩子？'那时候，我的孩子分别是6岁、4岁、2岁。我会对他们说'世界上所有6岁的孩子排成一排，我最爱你（大儿子）；世界上所有4岁的孩子排成一排，我最爱你（二儿子）；世界上所有2岁的孩子排成一排，我最喜欢你（小女儿）'，孩子们听到答案后往往既高兴又满足。"

一诺作为有"丰富斗争经验"的三娃妈妈，给出了自己的游戏秘籍："大家只要记住，在游戏中，我们永远是那个'很蠢''很笨''很傻'的一个。和孩子的学习一样，学习的第一步就是'模仿'，'模仿'之后就会慢慢实现内化。"

游戏力，被很多人喻为亲子沟通的"双向翻译机"。当我们及时而准确地"翻译"出隐藏在行为背后的需求，再将我们的关怀、爱心、赞赏、鼓励、期望和界限等，"翻译"成让孩子更容易理解的语言，孩子就很容易接受。

如果我们想告诉孩子什么，那么最好的方式是"玩给他看"，而不是"说给他听"。如何做到呢？

我们玩游戏，不论是什么游戏，其更为重要的意义是"联结"孩子，看见孩子，感受并理解他们的情绪，而这些并不容易。

糖糖很多习惯都很好，但她很抗拒展示，甚至表扬她，她反而还更不开心。她的不开心，像是一个触发点，让我感觉有些焦虑等，事后复盘时发现，之所以会这样，是因为我一直以来都很害怕犯错、出错，总想表现完美，内心不接纳不完美的自己，对于别人的"批评、负面评价"尤其敏感。

所以她每次表现好，我的回应比较平淡。因为我之前担心糖糖会过于看重别人的这种评价，所以我不希望她总是要靠外部评价来获得心理满足。任何人在得到夸奖和鼓励的时候，会刺激大脑分泌多巴胺，产生愉悦感。

但大脑的奖赏就是一把双刃剑，多巴胺可以奖励我们去连接某项事物，考试成绩好，比赛获胜，在某件事情上取得成功，才能得到肯定和表扬，这就是连接到虚假的多巴胺，孩子就会太在意别人的评价。因为孩子会逐渐得出一个结论：我只有……才能得到肯定。整个过程的快乐感才是真正的奖赏，我们要觉察孩子的大脑捕捉到学习乐趣的时刻。

所以，我开始更多的肯定她的学习过程，学着具象的去描述她的行为，不让胜利、好成绩之类的事成为糖糖得到我肯定的唯一方式，我慢慢觉察到不完美是生活的常态，我学会了去接纳自己的不完美，也感谢自己的不完美，让我看见自己在不断变得更好，而当我改变了鼓励的方式，糖糖的内在就松弛了很多。今年上一年级的她遇到了两个学霸好朋友，在数学口算上计算特别快，糖糖还停留在数手指的阶段。这要放在以前她肯定不会愿意我提这个话题，以前的我也会问出"为什么你还要手指算"的评价判断。现在的她可以很轻松地跟我分享，红豆算得很快是因为她是用脑在计算，不是用手指，手指会慢很多。"妈妈我今天可以30以下不用手指啦，30以上还需要，但王老师说我再加快练习，很快我也可以不用了。""宝贝，妈妈听到了你的进步，我也觉得你很快就可以不用手指啦！"言语间她彻底地表达了具象的感受，真实地表达自己什么可以，什么还不可以，我也接纳了此刻她还在进步的过程。

这也成为联结最美好的意义，因为想要与孩子联结，所以要先学会向内看，感受自己，看见自己。

看见自己的不完美，就像接纳内心的暗夜一样。真实胜过完美，一旦懂得什么是真实，如何接受自己的真实，如何跟自己真实地在一起，就会深刻地感知到真实是比完美更好的东西，这也是联结的核心，那就是是学会"无条件的爱"。

无条件的先爱自己。心理学家罗杰斯曾说："爱是深深的理解和接纳。"当你一旦深深地理解和接纳了自己的不完美，不完美就转变成了美，转变成生命中你从未想过的恩典。你会深深地体验到自由的快乐，真正感受到生命的自在和宁静。

越理解越接纳，就能越自由。爱满才会自溢，我们学会无条件爱自己后，才会懂得孩子不完美的意义。虽然我们都不希望孩子经历自己所经历过的"重重苦难"，但"重重苦难"才是生活的本来面目。当我们看见现实的复杂性和不确定性，看到人性的复杂性、多面性、局限性时，我们依然要做的是：无条件的爱。

那些困难时刻，尤其是孩子有情绪的时候，是无法立刻进入游戏状态的。这时我们如果惩罚孩子，孩子会变得更加恐惧，会认为是因为自己有情绪而受罚。我们要做的是接纳孩子的情绪，让孩子知道自己被理解、被看见和被接纳。

我要让糖糖感受到：即使我什么事也不做，即使我没有取得什么成绩，爸爸妈妈也是肯定我、欣赏我，爱我的，这才是真正的"无条件的爱"。

当她有了开放的外在环境，内在也会更自由，更有空间去想象、去创造。知识不是最重要的那部分，更重要的是学习过程中的思考和持续学习的快乐，给了生命更多能量，让我们更有探索的热情。

游戏力不光仅是技巧，更多的是人生哲学。让我们重新回到亲子关系的联结中来，学会无条件地爱自己、爱孩子，把不完美转变成美好，让生命中充满温润的时光。

【能量加油站】

我们来回顾一下今天的关键知识点：

我们玩游戏，不论是什么游戏，其更为重要的意义是"联结"孩子，看见孩子，感受并理解他们的情绪。

1.联结的开始，先学会"向内看"。感谢自己的不完美，就像拥抱内心的暗夜一样。真实胜过完美，一旦懂得什么是真实，如何接受自己的真实，如何跟自己真实地在一起，就会深刻地感知到真实是比完美更好的东西。

2.联结的核心，是学会"无条件的爱"。当我们看见现实的复杂性和不确定性，看到人性的复杂性、多面性、局限性时，我们要做的是：接纳。越接纳，越自由。

3.游戏力不光仅是技巧，更多的是人生哲学。当孩子有了开放的外在环境，内在也会更自由，更有空间去想象、去创造。

4 种负面情绪引导误区，速来排雷

美学大师蒋勋曾说过这么一个故事。

当时，他受邀给一个公司的员工上课，这些员工多从名校毕业，平均年龄三十几岁，工作相当卖命，几乎没有一个人能在晚上11点之前回家，其中有一个人，8年都没有休假。

当他讲完课时，这个人举手提问，说"我女儿现在5岁了，您认为她应该去学小提琴还是钢琴？"

蒋勋是这么回答的："你可不可以不要关心要学小提琴还是钢琴？赶紧回家抱抱你的女儿。"这个答案让我至今印象深刻，一切教育的本质，是让孩子收获生活的哲学。而显然，我们经常会走入各种教育的误区，这是因为没有正确的认知。

第一种误区：成为控制型或放任型父母

放任这种误区的父母最多，我也经常会掉落到这个误区里，好在及时有觉察，让自己知道不是给孩子足够好的物质生活就是爱孩子。曾经有一段时间，所有心思都花在工作赚钱上，很少和糖糖沟通交流，至今都记得阿姨带她，她情绪暴躁的那段时光，自己的放任最直观的表现就是孩子无所作为，好在我及时醒悟。

控制型妈妈会过多干涉孩子的行为，为什么会过度控制呢？关键在于她有没有形成一个牢固的自我。用精神分析学家科胡特的术语来讲，这是"内聚性的自我"。当一个人有了内聚性的牢固自我后，遭遇挫败时，他能做到对事不对人，承认这件事我失败了，但并不意味着我这个人不好。

没有内聚性自我的人，会将自我等同到任何一件自己在做的事上。于是，任何一件事的成败，都会让他们觉得，这是"我失败了"，因此会产生羞耻感，甚至自我瓦解感。而摧毁一个孩子最快的方式，就是以爱的名义全方位地控制孩子。

怎么改进呢？英国心理学家温尼科特提出"足够好的母亲"这个概念，其中包含着父母的分寸感。父母可以给孩子亲密的爱，但更要尊重孩子，把控制权和决定权交到孩子的手上。

第二种误区：轻视、低估和否定孩子的感受

大多数时候，我能够平等、聆听糖糖的反馈，如果正在忙，我就会说"等一下"。我也知道不要随意轻视孩子身上正在发生的事情，还好我知道我不是个完美妈妈，的确有时候会忽视糖糖的声音。

如果我们都能够以理解的态度来回应孩子的各种消极情绪，孩子会因此学会恰当地处理这些感情。这种能力会帮助他们在成年以后，处理工作中和感情上所遇到的问题。我自己要多多修炼

的是多去觉察，多及时回应孩子，让"等一下"尽量减少。

第三种误区：采用外部激励和奖赏

当孩子的自我还没有形成时，他的大脑一旦被玩具、美食、游戏过度虚假奖励，他的自我和大脑就会混乱，会注重虚假的奖励。这种"奖励式育儿"，在短期内可能有效。但从长远来看，外部激励会让孩子失去对事物本身的兴趣，从而削弱内在动力。

这样的孩子长大后会很痛苦，他会只追求成功，追求优秀。他每次都必须要消费，他没有消费就没有放松，这样的人多痛苦。而他平时大部分时间是没有收入，没有奖励，他每天过的都是不开心的日子。

学习本身就可以获得奖赏，那样有成就感的奖赏，是可以持续不断的。孩子每天都可以有，而不是只沉浸在虚假的享受中。

第四种误区：以消极结果作为惩罚

语言暴力的伤害，会给孩子带来一生无法修复的伤痛，埋下心理隐患，一旦点燃导火索，就可能被引爆。我自己在学习沟通，深知语言的重要，在孩子身上我不会用语言暴力来伤害她。其实不管是亲子关系还是夫妻关系，如果不想鸡飞狗跳，那就要运用智慧去管教好自己的语言，管教就是引导。

每当我们无法做到完美的时候，都想要责怪自己、攻击自己，但那样做并不会让我们的孩子从中受益。因此，作为父母把努力的目标从接近完美改为远离愚蠢。多检讨一下为什么没能给予孩子足够的理解，为什么做不到诚实地表达本意，这才是进步的途径。

为人父母，我们陪伴孩子穿越其间，最终抵达孩子内在最通透、最快乐的那片丰饶之地，让他们愿意倾听自己的内心，懂得探索自己的本质，珍惜生活的美好，也表达他们对生活的认知。

与你分享纪伯伦的一首诗《孩子》：

你们的孩子，都不是你们的孩子，

乃是生命为自己所渴望的儿女。

他们是借你们而来，却不是从你们而来，

他们虽和你们同在，却不属于你们。

你们可以给他们爱，却不可给他们以思想，

因为他们有自己的思想。

你们可以荫庇他们的身体，却不能荫庇他们的灵魂，

因为他们的灵魂，是住在"明日"的宅中，

那是你们在梦中也不能相见的。

你们可以努力去模仿他们，却不能使他们来像你们。

因为生命是不倒行的，也不与昨日一同停留。

你们是弓，你们的孩子是从弦上发出的生命的箭矢。

那射者在无穷之间看定了目标，也用神力将你们引满，使他的箭矢迅速而遥远地射了出来。

让你们在射者手中的弯曲成为喜乐吧。

因为他爱那飞出的箭，也爱了那静止的弓。

【能量加油站】

我们来回顾一下今天的关键知识点：

我们经常会走入各种教育的误区，是因为没有正确的认知。

第一种误区：成为控制型或放任型父母。控制型妈妈会过度干涉孩子的行为，因为她没有形成一个内聚型自我。没有内聚性自我的人，会将自我等同到任何一件自己在做的事上。

第二种误区：轻视、低估和否定孩子的感受。如果我们都能够以理解的态度来回应孩子的各种消极情绪，孩子会因此学会恰当地处理这些感情。

第三种误区：采用外部激励和奖赏。学习本身就可以获得奖赏，那样有成就感的奖赏，是可以持续不断的。孩子每天都可以有，而不是只沉浸在虚假的享受中。

第四种误区：以消极结果作为惩罚。语言暴力的伤害，会给孩子带来一生无法修复的伤痛，埋下心理隐患，一旦点燃导火索，就可能被引爆。

3 种思维模式，让陪伴高质量

糖糖幼儿园时期，我组织固定的周一户外运动收获了一波妈妈们粉丝，她们对我能随时拿出游戏力搞定孩子而发出各种赞赏。她们看到娃哭、娃闹、娃不配合拍照，我都能用游戏轻松化解，每一位妈妈都问我怎么做到的？怎么能立即想出那么多游戏？哪种游戏合适？

其中有个妈妈说自己每天都被困在家务里很难分身，想陪孩子玩，但总是时间很少。我们换个角度看问题，困在家务里难以分身，那我们不要要求自己时时刻刻陪伴，而要高质量陪伴才是最重要的，哪怕一天就15—30分钟的时间，只要是高质量的，足矣。

高质量的陪伴，要怎么实现呢？

1. 同理心思维：想要让孩子开心，先要让自己开心

如果我们堆积了很多负面情绪的时候，我们哪有好心情去陪孩子呢？当我们堆积了负面情绪，我们并不是着急要方法，而是抒发情绪，一股脑表达出来其实反而更让人轻松。

要让自己先舒坦，我们不需要对方告诉我们怎么办，因为没有人喜欢被说服。好多妈妈私信我自己苦恼的时候，我感同身受，她们孩子的情况我们家也有发生过。当你发现，你遇到的问题别人也会遇到的时候，你的孤独感和焦虑感就会消失或减轻。

所以，当有这样负面情绪影响到自己的时候，可以找自己的闺蜜、信赖的人倾诉。我曾经建立了一个叽里呱啦群给妈妈们减压，带着妈妈们一起抒发情绪，一起分享美好事物，绝对的滋养心灵，放松心情。更重要的是，我要知道，我的情绪得自己负责。自我发展成熟的标志，就是越来越能分清楚别人的事和我的事，别人的情感和我的情感。自我的边界，就是通过这种区分确立起来的。这就是课题分离。

课题分离是著名心理学家阿德勒（Alfred Adler）提出的一个理论，指的是要想解决人际关系的烦恼，就要区分什么是你的课题，什么是我的课题。我只负责把我的事情做好，而你也只负责把你的事情做好。

我们需要自己哄自己开心，听一首歌、敷个面膜，给自己买一束花，都能给自己充电。想在亲子关系中运用游戏力，我们得先给自己的生活加入游戏的乐趣。我们自己会生活、懂得享受生活的乐趣，才能在陪伴孩子的过程中加入更多乐趣，得到更多乐趣，我们幸福，孩子才会幸福。孩子的童年幸福，未来才会幸福。

2. 续杯思维：想把游戏力运用得行云流水，一定要学会给自己充电

每个孩子心中都有一个杯子，要随时续满。我们更是如此，谁还不是个宝宝了。当我们被无聊、挫败、厌烦、焦虑、疲惫等这些情绪淹没的时候，就很难享受陪孩子玩的乐趣，更难关注到孩子的需求。这个时候，我们需要续满自己心里的杯子。

也许我需要逛街购物，也许我需要吃一些垃圾食品，也许我需要去看一场口碑好的娱乐大片……如果我不想出门，就给自己泡一杯好茶，放一段好久没听的音乐，愿意的话，还可以把音量调大一点点。假如确实因为孩子而无法脱身，那就递给孩子一块巧克力，放心，这块巧克力不会危及他的健康，并播放一集动画片，然后对孩子说："宝贝儿，我就在沙发上。"那么通常情况下，孩子会给你10分钟的自由。

是的，每个人都需要被满足，就好像一个杯子需要不断地续水。越小的孩子，他的杯子也越小，轻微的不安就会让杯子晃动而洒出水来。同时，越小的孩子，你越是乐意给他续杯，也越是容易续杯。

孩子续杯的主要来源是父母给予的爱、关注和照顾。父母只有设法保持自己的杯中满满，才能充分满足孩子的需求。随着孩子年龄越来越大，他的杯子也会越来越大，除了父母，孩子自己也会慢慢建立自己的续杯能力。

3. 成长型思维：当你不是用固定思维看问题，孩子就更敢于接受挑战

有的时候我们很难用游戏力的方法与孩子去互动，或者解决我们跟孩子之间的冲突，其实某种程度上是我们对孩子的刻板印象。如果能用成长型思维去看待孩子和孩子的行为，就会有不一样的效果。

科恩在《游戏力》有一个这样的例子：

有一次我到一位男孩家做游戏治疗，就在我要离开时，男孩从背后大叫："你这个讨厌鬼！"我走回去，男孩后退一步，担心我会骂他。我轻声说："你怎么知道我的外号？嘘！别把这个名字告诉别人哦。只有跟我最好的人才这么叫。"

这个例子特别好，如果我们用一种刻板的思维去对待这个事情的时候，当孩子说了脏话，或者说："妈妈，讨厌你！"我们第一反应是"你怎么能这样跟妈妈说话！"但科恩认为这个男孩只是想要让他多待一会儿。我们多半不会意识到"你是讨厌鬼"这句话，其实是"我喜欢你"的小孩版本。

所以，科恩对小男孩说："我今天和你玩得很开心，我真的很喜欢你。我知道说再见真难过，对不对？"他想了一下，然后以非常轻松的声调说："我们可以再玩一次袜子游戏吗？"于是他们又玩了一次，然后男孩非常骄傲地送科恩上车，用力地挥手再见。

我们也经常在生气的时候像个孩子，我跟糖爸沟通的时候，气急了就会说："你给我出去！"他要是敢转身就走，我就只会更生气："好啊！你还敢真走？"孩子也是这样，他对你闹情绪的潜台词是：你哄我一下啊！你别走。

所以，成长型思维更多的是体现在我们的一些应答，或者沟通的环节。当你很讨厌或者不能接受孩子提出的某个建议时，可以试着把以前严肃的"不，我不想玩"，改变成幽默的哀求"求你了，别逼我玩这个，换个别的吧。"

我举个例子，糖糖特别喜欢玩桌游，那个桌游我已经玩腻了，已经到了我玩一会儿感觉都要烦躁起来的地步。所以，当她再来找我玩的时候，我就用特别夸张的语气说："哎哟，又玩桌游啊，妈妈真不想玩啊，脖子疼头疼。"她会一直央求我，"妈妈，玩嘛玩嘛。"我就让她来拉我，故意在让她拉我这个环节有一些趣味性。比如，她拉不动我，我就像不倒翁一样，或者本来是她拉我，我却拉着她跑。我们俩就嘻嘻哈哈这样玩半天。

其实，这个环节会让我变得开心起来，再去玩桌游的时候，心情不至于太糟糕。高质量陪伴一定是你也玩得尽兴的，而不是委曲求全的。我们想要说的"不"，用另一种方式来代替，这就是成长型思维的一种体现。

【能量加油站】

我们来回顾一下今天的关键知识点：

我们不要要求自己时时刻刻陪伴，高质量陪伴才是最重要的。高质量的陪伴，要怎么实现呢？

1.同理心思维：想要让孩子开心，先要让自己开心。

2.续杯思维：想把游戏力运用得行云流水，一定要学会给自己充电。

3.当你不是用固定思维看问题，孩子就更敢于接受挑战。

5个原则，让你迅速学会游戏力养育

孩子和大人，即使在同一个房间里，也还是彼此陌生，就像来自两个不同的星球，我们都觉得对方热衷的事情太无聊、太奇怪。有一段时间，糖糖很喜欢模仿电视里面的野餐画面，她找来自己的小毯子，铺在地上，假装那是野餐垫，上面摆满各种她认为野餐需要的东西：小碗、小娃娃、玩具、面包等。

我和糖糖讲了很多道理：地上脏，有细菌，不卫生等，但是无法说服她停止把物品在地上，最后我用夸张的声调对糖糖说："哎呀！救命呀！小宝宝把我扔在地上啦！地上好脏啊！有没有人来救救我呀！救命呀！"

在听了这番话之后，糖糖马上意识到了，把毯子捡起来，一边说："哎呀，对不起，我再也不把你放在地上了！"

其实小孩不喜欢命令式的语气，大人也同样不喜欢。孩子旺盛的生命力和天生的好奇心，很容易演变成"无理取闹、惹是生非"，我们说服不了他们的时候就会逐渐变得无奈、烦躁甚至愤怒，演变成要么惩罚孩子，要么唠唠叨叨，再要么自暴自弃地说："好吧，那就任你去吧！"

我们之所以对孩子吼叫，是因为我们无计可施，或者是这已经变成了一种习惯。

但这效果并不好。

所以，当你觉得说服不了孩子的时候，开始玩游戏吧，只要遵循以下5个原则，一定百试百灵。

1. 调频：跟孩子一致

亲子联结是养育的基础，联结断裂是养育挑战的根源。基于联结来设限，不带情绪地向孩子表达界限和规则。游戏力是一种态度，是一种愿意跟孩子在同一频道的态度，它包含了平等、尊重、倾听、接纳，正是这些态度，帮助我们去巩固或者重建与孩子之间的联结，从而激活孩子合作的天性。

一切为了"联结"，"联结"是游戏力的首要目的和最终指向。所以我们要保持和孩子一致，让游戏变真。比如东东不肯跟大家一起走，我过去问他为什么，他突然对我说："我是一条蛇。"我立即进入他的游戏，"呀，原来你是一条蛇啊，难怪你没有和其他小动物们一起。"我就在"他是蛇"的基础上，加入动物对话，并且告知蛇需要探险找朋友，成功把他拉回糖糖身边，顺利走完我们接下来要走的路和完成大合影。

进入到孩子的游戏中，大人还可以加码，把游戏变得更好玩，变得更真。这需要大人投入，真的沉浸在和他游戏的状态中。不要把孩子引到你的频道，而是把自己调到孩子的频道，玩起来。

2. 放下身段，让自己变得傻乎乎

游戏力最关键的是：放下身段。"放下身段"有两重意思，其一是说大人必须俯下身子，坐在地板上和孩子真正玩起来；其二则是比喻义，指的是大人在心态上要迎合孩子，他们想玩什么就玩什么，舍得放下所谓的父母权威，游戏中让孩子多赢。

因为我和糖糖平时的陪伴都有运用游戏力在里面，所以我时常感受到游戏的乐趣。这些游戏力的灵感一定来源于生活，我们自己只有会生活，懂得享受生活的乐趣，才能在陪伴孩子的过程中不断加入游戏的乐趣。

我不断提醒自己，要用游戏力的方式去和孩子相处，而当自己这样去尝试的时候，真的有一种脑洞大开的感觉，因为真的随时随地都可以和孩子游戏。记得伊伊不肯给妈妈手机，不停地拿手机拍，她妈妈真有些着急。我开始蹲下来问伊伊，她在拍什么？她举起手机问我："你知道我拍的是什么吗？"其实我一眼就看出是模糊版的摩托车，但我依然摇头，嘴上还说着"这是榨汁机吧！"旁边的妈妈"摩"字已经脱口而出，我扯扯她，示意她不要直接说出来。

果然伊伊很有兴趣地对我说："不是的，你猜错了。"接着把手机往她妈妈手里一塞，就拉着我去看那个摩托车，一本正经地说这不是榨汁机。手机成功交还给妈妈，而伊伊也被其他事物吸引走了。可是如果你一下猜对了她的，她一定会接着拍，因为她并不想让大人那么快就知道她在干什么。

把自己变得傻乎乎，孩子才觉得你好玩。不然你那么厉害，开口就终止，对于孩子来说，太没意思了，不想跟你玩。

3. 学会跟随，由孩子主导

既然是游戏，当然是让孩子当主角，自己只说"好啊"。有的人每次总想让孩子按自己想法玩，每次孩子要玩什么，他会说这样玩那样玩，很快孩子就不跟他玩了。甚至有时候他用游戏也吸引不来孩子，因为每次他总想当主角。比如"我先来""按这样玩""你那样玩不好玩"等诸如此类的话。

其实，不用把游戏想得太复杂，对于孩子而言，游戏就是和朋友一起做好玩的事情。

4. 向孩子学习

在情绪这个问题上，大人和孩子面临的处境其实是相同的，很多情况下，我们无法面对一个持续大哭到撕心裂肺的孩子，就是因为孩子的情绪触发了我们自己隐藏的那些情绪的按钮。游戏力则可以帮助孩子找回表达情绪的自由，避免因压抑情绪，或者不当发泄情绪而造成的潜在恶果。

情绪的释放需要一点时间，比我们想象的还要久一点，当孩子哭的时候，他所需要的时间，往往比我们所能忍受的时间更久一点。孩子才是游戏专家，所以请孩子设置一个游戏，能快速帮他转移视线。

昨天天要黑了，我们要返回去，可是东东不想回家，大哭不止，还不停地说自己有东西忘在那里了。这个时候妈妈一直在强调天黑了，太晚了，玩了很久了等原因，东东哭得更大声。毫无疑问不想回家是主要问题，你说再多跟回家有关的问题，只会触发他产生更糟情绪。

这个时候我就问东东还记得小蛇的家在哪吗？他哭着点头，我说我忘记在哪里，肯定在这边，我指着我们刚才玩的地方。可是东东指了我们来的方向，我说家肯定不在那边，他立即从妈妈身上挣脱下来往那边跑，嘴里还边喊着"在那边，蛇的家在那边，你都不知道，只有我知道。"

向孩子学习，情绪来时立即做转移，而不是在情绪崩掉的点上继续刺激。

5. 强者自弱，要让孩子赢

什么叫强者自弱？就是游戏双方力量不对等时，为保证弱者的游戏动机，强者本能且自愿的示弱行为。在几乎所有群居哺乳动物的打闹游戏中，都能观察到强者自弱的本能行为。因为如果一方力量和能力始终占优，那么游戏就无法继续了。

跟孩子游戏时，成人显然是事实上的绝对强者。成人的自弱，首先表现在身体能力上，比如：笨手笨脚、动作慢吞吞、四肢不协调、眼神不好等，心智能力上的自弱也很重要，比如太天真、傻乎乎、爱吹牛、糊涂、反复上当等。

　　自弱的最重要表现，就是让孩子赢。打闹游戏基本都带有竞争性质，因此通常情况下，都应该让孩子赢，除非孩子很认真地主动要求大人使出全部力量。所以跟糖糖玩游戏时我通常又笨又傻，各种角色扮演跟着她天马行空地玩。

　　包括在学琴中，我也是那个最弱的人，经常跟她比赛找音认谱，我会又慢又错误百出，每次听到"我又对了""还是我快吧""妈妈你怎么又错了，我来教你"……

　　拥有游戏力重点不在方法，而在态度，它激发了父母和孩子的无限创意，同时避免了冲突。

我们来回顾一下今天的关键知识点：

当你觉得说服不了孩子的时候，开始玩游戏吧，只要遵循以下5个原则，一定百试百灵。

1.调频，跟孩子一致。游戏力是一种态度，是一种愿意跟孩子在同一频道的态度，它包含了平等、尊重、倾听、接纳等，正是这些态度，帮助我们去巩固或者重建与孩子之间的联结，从而激活了孩子合作的天性。

2.放下身段，让自己变得傻乎乎。"放下身段"有两重意思，其一是说大人必须俯下身子，坐在地板上和孩子真正玩起来；其二则是比喻义，指的是大人在心态上要迎合孩子，他们想玩什么就玩什么，舍得放下所谓的父母权威，游戏中让孩子多赢。

3.学会跟随，由孩子主导。既然是游戏，当然是让孩子当主角。

4.向孩子学习。情绪来时立即做转移，而不是在情绪崩掉的点上继续刺激。

5.强者自弱，要让孩子赢。游戏双方力量不对等时，为保证弱者的游戏动机，强者本能且自愿的示弱行为。

户外玩耍，让你空手套白狼的 4 个游戏

澳大利亚影片《男孩们回来了》曾引起广泛的关注，因为其中"公布"了一种养孩子的"粗野"方式：剧中的男人在妻子去世之后独自抚养5岁的儿子，他跟儿子在家里疯狂追逐，用气球打水仗，在卧室里用枕头对战，捉迷藏的时候抓住了孩子一把压在身下，"厮打"一番……

这是典型的"rough play"，中文可以翻译成"粗野地玩耍"。粗野地玩耍，正是我们的孩子被剥夺的东西。在粗野玩耍中，孩子学会游戏规则，也学会与人相处的基本原则。

孩子在游戏中了解自己的能力，了解他人的能力，知道多大的动作会弄痛自己，如何避免被弄痛。懂得同伴之间的轻微碰撞是否值得告状，这些不是语言能够传授的。喜欢打闹的孩子一般不太爱告状，一方面可能因为在集中精力发展体力的时候，这些孩子的语言能力没有相应地跟上，另一方面，也往往是因为他们觉得这是游戏，对方不是故意要伤害自己，不值得告状引得游戏被叫停，同时面临失去伙伴信任的危机。

人类学家贝特森在他的研究理论中指出，游戏中的许多动作，

如果发生在实际生活中，会带来严重后果，但因为是在游戏中，所以就轻而易举地被原谅了。孩子在游戏中反复演练、犯错，最后学会如何跟其他人进行有意义的沟通。

没有哪个孩子会拒绝游戏，而且孩子个个都是游戏高手。只有一动都不想动的父母，没有不喜欢和自己玩的孩子。孩子很难长时间和小伙伴们在一起玩耍，孩子还是需要父母更多的陪伴。所以，我们需要准备一些游戏的工具箱，这样在遇到孩子挑战的时候，才能够举重若轻。

游戏，也是一种深度的学习方式，我们分享4个不用道具就能玩的小游戏来解决我们生活中的高频问题吧！

1. "声音猎手"，提高孩子专注力

"你要用心听讲啊"，从小到大，我们也是这样被父母唠叨大的。我记得小时候我妈最爱说的一句话就是"耳朵带了吗"，我也特别爱问厚林和王棋"你在听我讲吗"。似乎不带耳朵是每个孩子都有的特性一样。

现在我也做妈妈了，也总是很头痛糖糖"不好好听"，有时候也担心她上了小学后注意力不集中。"听"其实也是一种能力。与其一味唠叨，不妨利用"听"的游戏来帮助孩子训练提高。

和孩子走在路上，去公园、商场，一起来捕捉我们听到的声音，越多越好。"你听到了什么声音？""什么东西会发出这样的声音？"我们和孩子都成为"声音猎手"，轮流去找我们周围听到的声音。谁先说重复了就要给对方一个爱的亲亲。

有天早晨我和糖糖尝试了一次，闭上眼睛一起在阳台上听车声，贴在门上听电梯到的声音和走道里谁家开门的声音。有意思的是糖糖意识到"有的东西看不到，却能听到"。后来根据这个，我们又拓展了，发现其实关门声也能"看到"，因为我家的门会被震动一下。

这个游戏看似很简单，但是却非常好地锻炼了孩子的"主动听"的能力。太多孩子，包括我们成人都在生活中失去了觉察，主动敏锐地留意周围，就能最大可能地减少心不在焉的情况。

2. "你是我的机器人"，训练孩子的指令听从

我和糖糖玩的很多次的游戏就是机器人游戏，不过是我模拟机器人，做一些僵硬的动作，就可以逗得糖糖哈哈大笑。现在倒过来，让她当机器人，我来当遥控器。糖糖今天被我遥控做了好几件事，收拾床铺也不亦乐乎。

这个游戏可以在孩子搭积木，玩汽车等这些游戏时，提议一起玩"你是我的机器人"。孩子当机器人，我们发出指令，孩子来执行。为了让孩子更加"入戏"，可以在游戏开始之前有个机器人上岗的仪式。那就是给糖糖加油，按一下鼻子，绕两下胳膊，最后在她胸口按三下，然后说："机器人，开始执行任务吧。糖糖就会更加开心，乐呵呵地参与其中，然后我就会说我的指令，"把小枕头放在大枕头上，把爸爸的枕头摆成直立。"

这个游戏用意很明显了，不仅让孩子主动聆听，而且需要执行指令，这些都是为了今后养成良好学习习惯而打的基础。

"不听"这件事可大可小，大部分"不听"的孩子更多的是和我们大人的联结断裂了，一直叨叨念，一直在教育，那么慢慢地，她就选择关闭和我们沟通的渠道了。啰唆是把钝刀，当下没觉得，日积月累就把亲子关系给隔断了

回到游戏，可以不让孩子知道谁在用手机播放音乐，也可以藏起来，这样孩子就看不到我们按下停止键的动作，必须要更加仔细听。

再继续增加难度的版本就是，每次游戏开始前决定一个新规则，比如音乐停后，大家都必须坐下来，都必须找到屋子里一件绿色的东西等。这样不仅锻炼孩子主动聆听，而且也在考验孩子的自控力和执行指令的能力。

3. "我是妈妈，我说了算"，训练孩子的短期记忆力

在孩子心中永远重要的就是"妈妈"，这个游戏怎么就不可以改成"我是爸爸"，其实是可以的，也可以根据孩子最近最喜欢扮演的角色命名，比如超人、公主、恐龙等。扮演成"妈妈"的这个人站在客厅一角，然后其他人在客厅另外一头，通过询问来慢慢走近"妈妈"。

"妈妈，请问我可以向前走3步吗？"

"妈妈，请问我可以跳2下吗？"

扮演"妈妈"的人可以同意也可以反对，反对后可以提出一个新的方案，"不可以，你要爬3步"。

这个游戏的好处不仅仅是让孩子学会仔细听，还能锻炼短期

记忆能力，而且最关键的是，还能锻炼孩子的礼仪，使用"请问"这样的祈使句。

4. "词语接龙"

这个游戏也是我和糖糖一直有玩的高频游戏，特别适合语言表达比较成熟的孩子，认字和熟悉成语都可以来玩这个游戏，"词语接龙"也很适合坐车时候打发时间。

一个人先起头说一个词组，另外一个人需要用词组的第二个字组成一个新的词组，以此类推。比如昨天、天空、空气、气球、求助、祝福。显而易见，这个不仅仅是在考察孩子的专注力，还在提高孩子语言表达能力。

专注力这个概念现在已经有点过度滥用了，导致我们做父母的"草木皆兵"。专注力的确需要关注，但为了让孩子提高专注力而"人盯人、叨叨念"，那就得不偿失了。游戏不一定就是打电子游戏，而是真正和孩子互动的游戏，在游戏中一样可以学到想锻炼的所有能力。

未来，游戏会成为更多人的生活方式，游戏会成为经济、社会、制度重构的一种基本机制。娱乐会游戏化，公司管理会游戏化，教育会游戏化。

游戏会成为我们新的生存方式，这不是什么黑暗的前途，用得好，它将是人类重返自己精神家园的途径。

我们来回顾一下今天的关键知识点：

孩子在游戏中了解自己的能力，了解他人的能力，知道多大的动作会弄痛自己，如何避免被弄痛。懂得同伴之间的轻微碰撞是否需要告状，这些不是语言能够传授的。

喜欢打闹的孩子一般不太爱告状，一方面可能因为在集中精力发展体力的时候，这些孩子的语言能力没有相应地跟上，另一方面，也往往是因为他们觉得这是游戏，对方不是故意要伤害自己，不值得告状引得游戏被叫停，同时面临失去伙伴信任的危机。

当然，孩子很难长时间和小伙伴们在一起玩耍，孩子还是需要父母更多的陪伴。所以，我们需要准备一些游戏的工具箱，这样在遇到孩子挑战的时候，才能够举重若轻。

打造高情商孩子的关键，恰恰发生在那些难搞事件里

在孩子成长中，"情绪"已经成为一个无法避开的话题。同伴压力、亲子关系、成长环境等都可能伴随着各种各样的情绪事件，在那些哭闹和沉默的背后，也许有着许多我们看不见的紧张、委屈、害怕和恐惧。如果孩子内在情绪积压太多，生命力也会随之被消耗。这就意味着，孩子不能用他所有的生命力来学习、行动、交往和认识自己。而很多时候，我们为了自我保护，也不想显示出自己的内心脆弱，会故意说一些这样的话：

你怎么啦？没事！

我真是烦透你了！

你再这么拖拖拉拉，我们今天就不要去游乐场了！

我不想和你说话！

孩子更是如此，而且更别提他们的语言表达能力还在发展中，控制情绪的大脑前额叶皮质也还在发展中，他们会更难清楚表达自己。这个时候，游戏就变得很重要了。培养孩子的情绪力，帮助他们认识、表达情绪，释放积压的情绪，构建一个更稳定的自

我，这需要给他们提供一个充满爱和接纳的环境。

要真正懂孩子、走进孩子的心里，我们就需要使用孩子的语言，而游戏就是这座沟通的桥梁。有时巧妙使用游戏，还能春风化雨，比对着干、强制执行更能解决问题。有研究表明，孩子有效应对各种情绪的能力，也叫自我调节能力，是今后学习、工作和人际交往中很关键的因素，也是高情商的基础。这种能力并不是天生的，而是需要后天习得的，而父母毫无疑问就是孩子学习这个能力的第一任老师。

通常孩子太兴奋或太捣蛋，都会让我们心烦意乱，我也一样。后来运用游戏力的方式，发现很轻松就能达到我想要的效果。

1. 太兴奋时

不知道别家的孩子会不会这样，糖糖太兴奋时，通常会出现大声尖叫，时不时还会拍桌子、敲打玩具等，如果没有游戏力，我的第一反应就是，"不要叫，不要疯，不许敲玩具。"但常常没效果，有时还起反作用，最终以糖糖大哭和大人生气收场。

每次糖糖出现这样的情形，我就知道是她体内的"洪荒之力"需要发泄。除了带到户外玩耍，我会在家和她玩枕头大战，在她的游戏垫上堆上很多枕头，有时把她埋在下面，有时让她翻过枕头山，有时我们互相扔枕头。

直到她边笑边累得躺下时，我就会抱着她和她说："玩得好开心，但是有时我们过于兴奋了，就需要让身体平静下来。就像王老师教你的呼吸，妈妈在练习的冥想一样，现在你和妈妈一起深呼吸，放松，吸气，呼气，慢慢地，我们身体就平静下来了。"

我会和她一起做深呼吸，向她演示如何让身体平静。这也是在教会她情绪管理的好办法。

2. 捣蛋时

有时候孩子捣乱时，往往是他们缺少爱的时候，而他们就是喜欢通过这样的捣蛋来寻求我们的关注。书上也说，很多时候，捣蛋的孩子内心是非常脆弱的，会质疑自己是不是真的被爱。因此当孩子捣蛋时，先帮他们梳理好情绪，才能从内在激发孩子的合作天性。

最近菠萝妹妹都是在我家住，这周二我在厨房做饭，糖在房间里上象棋课，菠萝自己在客厅玩。一切本来非常平和，不一会儿菠萝开始扔玩具，我从厨房探头和她说："不可以，玩具不能扔。"

这句话刚说完，她扔得更加起劲，不仅把正在玩的玩具都扔了，还去糖姐玩具箱里翻出很多玩具，撒在地上到处都是。这要换作是糖我肯定会忍不住发飙，看着菠萝那一副萌萌哒的样子，突然想到了办法。

于是，我就匆匆处理一下厨房，把准备下锅的食材先放一旁，关掉煤气洗完手走了过去。我坐下来和菠萝说："嗯，看上去你的抱抱用完了啊，我们来抱抱吧！"于是我就一把把她搂入怀抱，紧紧地给她一个很大的熊抱，我抱得很紧一直不放手，直到她在我怀里开始笑了，边笑边挣扎。

我就边抱边和她说："姨妈好爱你，姨妈好喜欢抱抱你，姨妈想一直这么抱着你，永远永远。"松开手后，菠萝很开心，然后我就对菠萝说："妈妈要给你和姐姐做饭，你可以帮忙收拾玩具吗？来再给姨妈一个拥抱。"这个招数我经常给糖用，没想到对菠萝也一样适用，菠萝一听我说完就合作地收拾了一下，没有全收拾好，但至少有这个意识，然后一个人心满意足地玩玩具了。教育的真谛归根到底就是"陪伴"而不是"控制"，陪伴孩子去体验去经历，而不是控制孩子成为我们心里那个"理想的人"，对于情绪是这样，对于育儿的其他方方面面都是如此。一起修炼，共勉。

【 能量加油站 】

我们来回顾一下今天的关键知识点：

培养孩子的情绪力，帮助他们认识、表达情绪，释放积压的情绪，构建一个更稳定的自我，需要给他们提供一个充满爱和接纳的环境。

要真正懂孩子、走进孩子的心里，就需要使用孩子的语言，而游戏就是这座沟通的桥梁。

5

>>>>>

内驱力：与榜样同行，
向未来奋进

>>>>>

拥抱内啡肽，激发孩子的内驱力

　　身边的朋友们看到糖糖能够自己每天做计划，列出想要做的事，还能够一一执行，甚至每天坚持学琴和演讲打卡，都在问我如何把自己的孩子培养得更自律。我想分享一个关键词：内驱力。

　　应该怎么激发孩子的内驱力呢？我们建议从"动机"入手，来解决问题。

　　第一，用合理的目标做桥梁，奖励万里长征第一步

　　要在孩子的需求和行动之间搭一座桥，这个桥就是一个合理的目标。孩子的具体目标，直接决定了动机水平。

　　拿写字来说，因为这学期控笔练习多了，对于刚刚开始握笔写字的她来说，端正写完一整页，这就是"万里长征"第一步，是万事开头难的开头。这时候为了鼓励她，我会和糖说："写字就是一件很难的事，所以做到才厉害。我们今天开始坚持每天写一页，写完了，可以贴个贴纸，连续有了10个贴纸，就能奖励糖一个心愿。因为可以坚持10天这么难的事，真的是太不容易了！"

　　孩子形成习惯往往是最难的，很多时候习惯一旦建立了，其实抗拒就会少很多。连续写了一星期后，其实对于写字就没那么

抵触了。10天后，我会按照约定给奖励，她喜欢扭扭蛋，我在店里买的时候也给她预留出一部分，小小的一个扭蛋她就超满足。

但更加关键的是，在奖励时，我会指出她做的过程中的闪光点，可以坚持，写得越来越好，速度也提上去了，也没那么累了。就让糖发现，虽然有奖励，但是这个过程中自己收获的，远远比奖励多得多，为下一步做准备。

第二，挖掘内部动机，奖励心流时光

每个孩子都会有自己的喜好，我非常珍惜孩子投入热爱中那份可贵的专注力。每次糖糖可以自发地沉浸在自己热爱的事情，哪怕只是玩耍，我都会去奖励她。现在她还自己创造了方式奖励我和爸爸，自己制作了抽奖纸条，奖品是她自己手工做的作品。

她演讲打卡也是如此，每到一个整数，我也会用不同的奖励来肯定她。比如当她打卡到达100天，我把她的故事写下来，我在未来演说家舞台上呈现，她和台下500名听众一起听我讲她的故事，给她种下一颗演说家的种子；当她打卡到200天，我带着她拿着书去找晋杭老师签书，在她心里种下一颗作家的种子；当她打卡300天，我带她去听晋杭老师讲课，在她心里种下一颗讲师的种子；当她打卡400天，我给她举办了小型宴会，让她和参加提琴比赛的小伙伴们一起吃蛋糕，种下一颗分享的种子。

这样的"沉浸"体验是需要被肯定的。小时候积累这样的体验越多，以后才能迁移到其他方面。很多家长烦恼孩子花很多时间打游戏，拼命打怪升级，可我们想想孩子打游戏行为背后的动

机是什么？动机，就是行动的理由。表面上看，他就是为了获取更多的经验值，把自己的等级练高一点，但这只是外部动机。

作为一个独立的个体，希望获得别人的欣赏和尊重。由此出发，我们可以看到，他打游戏这个行为的内部动机是：他希望建立自己的社交地位，把等级练高一点，他在同学面前有面子。

很多家长问我，怎么帮助孩子找到学习的乐趣，其实同样的动机就可以用到学习上。孩子的动机就是：成为一个独立个体，受到别人的欣赏。如果家长只是空泛地说一句"你要热爱学习"，这并不会让孩子获得内部动机。但如果我们帮他认识到：学习就能让你成为一个独特、能够获得别人欣赏的独立个体，也许他就觉得学习一点也不苦，甚至想更努力。

其实，对于能找到内部动机的孩子，心流时光就是孩子本身的奖赏，当我们再奖励的时候，就会越来越保护孩子的热爱，让孩子更有沉浸式体验。

第三，改变外在环境，让外在奖励渐渐退出

物质奖励可以成为"孩子暂时不愿意做某些重要的事"的助推器，是可以偶尔使用的。吃一包巧克力、看一会动画片，这些上瘾性行为的背后，都是因为一种人体激素——多巴胺。多巴胺是最廉价的毒药。它能让我们毫不费力地感受快乐，也能拉扯着我们不断下沉，孩子也是一样。

真正长远的快乐来自内啡肽。它需要我们克服意志，经历痛苦，才能享受到踏实的愉悦。有句话说："少年偏爱多巴胺，中年才懂内啡肽。"经历得越多，就越明白：真正的快乐，不是被多

巴胺控制的低级消遣，而是内啡肽带来的高级快乐。内啡肽需要延迟满足，那些需要坚持的事情，做到了做成了，仅仅"坚持"本身，都能促进内啡肽的分泌。

日常生活中可以给自己设置一些需要去坚持、需要去努力、够一够才能达到的小目标。一开始不要给自己定不切实际的宏远目标，这样反而容易沮丧受挫。比如，孩子不想骑自行车了，可以和他说，骑到前面红绿灯就不骑了；自己不想学育儿了，可以和自己说，看完这本书做好笔记就不看了。哪怕每次想放弃前，通过努力再坚持一点点，这也能激发内啡肽。

长期的物质奖励一定是会削弱内在动力，比如用钱给孩子坚持练琴、做家务。因此，当我们决定给予孩子奖励时，要树立一个最重要的观念：暂时的物质激励是为了今后的不给。讲清楚激励孩子的目的，激励正面行为重复发生，而不是收买，并逐渐引导孩子将外在动力转化成内在动力。

糖糖的学琴打卡就是如此，不知不觉从学琴到现在，每天坚持练琴。糖糖也跟着我打卡演讲，1000天完成了2/3，现在糖糖还有写计划的坚持。有时候就是那么一点点的坚持，真的做到了，反而也就能继续保持下去了，这就是"内啡肽"在发挥作用。

总说坚持，可是坚持是一种什么感受呢？我在糖糖坚持讲故事这件事上，体会到了成功的喜悦，糖糖其他事情坚持起来就更容易了。坚持的力量真的很强大，当你真正坚持下来一件事，那种自信和自豪感，让你有勇气去挑战任何事，糖糖就是这样。

如何来到这300天的？其实100天前还有很多打卡花絮、打卡外传、打卡波折，可是后面真的越来越顺。顺到不知不觉就来到了300天，也因为有打卡坚持的底气，我让她学习了最难启蒙乐器——小提琴。到现在248天，无论外出旅游、我是否在家，糖糖每天都练琴。在小打卡程序上自豪的显示出这个数字，太多人惊讶小小年纪的她竟然能做到！

这只是开始，现在每当她想要学什么时，我都会说："学可以，但是要每天练习。""妈妈我可以啊，我每天都打卡呀，我可以做到。"确实，目前糖糖学习的所有兴趣班她都坚持得非常好，从来没有情绪抗拒和逃避，我也自豪的收获着各个老师对她的夸赞。

坚持这件事唤醒了内驱力，她自己自发地想要完成、做到，我更想她跟一群持之以恒的人在一起，最重要的是她们都是未来演说家。

当你帮助孩子找到合理的目标，挖掘出他的内在动机，同时改变当下的环境，这一套组合拳下来，孩子的内驱力自然会慢慢显现。

如果让我在孩子远行的行囊中放一件礼物，我想那毫无疑问就是内驱力。希望每个孩子，都能在爱的滋养下，激发出属于孩子心中的火焰。

【 能量加油站 】

我们来回顾一下今天的关键知识点：

如何把自己的孩子培养得更自律。我们建议从"动机"入手，培养孩子的内驱力。

第一，用合理的目标做桥梁，奖励万里长征第一步。要在孩子的需求和行动之间搭一座桥，这个桥就是一个合理的目标。孩子的具体目标，直接决定了动机水平。

第二，挖掘内部动机，奖励心流时光。这样的"沉浸"体验是需要被肯定的。小时候积累这样的体验越多，以后才能迁移到其他方面。

第三，改变外在环境，让外在奖励渐渐退出。当我们决定给予孩子奖励时，要树立一个最重要的观念：暂时的物质激励是为了今后的不给。讲清楚激励孩子的目的激励正面行为重复发生，而不是收买，并逐渐引导孩子将外在动力转化成内在动力。

用长期主义思维面对每一个当下

自从践行五种时间后，我和糖糖会制定每天的计划表，计划表都是我们俩先沟通好做什么事，然后她自己排序出来，先做什么再做什么。把时间里想要完成的事列出来，然后再排序优先来干什么。

这份计划表里就是五种时间的展示。她显然没有早上上学先练琴这一要求，她总把练琴放在最后完成。这样的时间为生存时间，我们不着急，她还在逾越的过程里，但也是技术养成的时间里。

她的赚钱时间就是逻辑思维、科学、迷宫等练习。好看时间貌似没有，下次我可以加一个公主扮装游戏来延展一下好看时间。好玩时间就是她最爱的吃零食、看巧虎或者动画片。心流时间应该是画画，每次她都能沉浸好久，画出一堆她想象中的画面，然后讲出好多小故事。

当然，在陪伴糖糖的过程中，我也不是一直坚持得很好。因为要早起这件事，所以晚睡变得有些痛苦，原本的心流时间进入了生存时间状态。为了打卡而早起，为了坚持而早起。记得那时完成趁早100天打卡时有过一张图，像是一面镜子照出了我的大脑图。任何开启的自律模式都会经历。

Day1兴趣盎然的开始，充满了憧憬

Day2—20探索新奇世界和充满信心，早这么开始多好

Day21—30渐入佳境，但也会触及放弃的念头，第一波放弃的人诞生

Day31—60自我怀疑为什么要自律，据说这个时候是放弃高峰的分水岭

Day61—70意志力耗尽，不停地在思想斗争，但这也是一个质变点

Day71—80开始掌握技巧享受节奏，每天有了良性循环的思想

Day81—90对自律设置的事情找到感觉，游刃有余

Day91—100自信与自我认同，自己怎么这么厉害

再坚持下去完全不是事，100天的经验和获得的练习技能受益终身。当时一对比这个图表，看来早起我已经进入一个放弃高峰的分水岭，一个国庆长假期来得真是时候，太考验我了。看这张图，会对自己的坚持有一个更长期的了解。

每次晚上舍不得睡，又开始连续熬夜，早晨还要坚持早起，白天靠咖啡续命，偏偏这个时候糖糖也要早起。我的时间就被这么无情的分割走了，所以最近早起完成的事情效率极低。如上所示，这也是一个质变点的来临，不怪假期，不怪别人，还是自控力的问题，换句话说又是考验我的劫。下定决心，坚决不能再熬夜。

所以，用长期主义的思维去看待当下，不容易焦虑，更容易找到平衡的状态。还可以让自己怎么更自律呢？我的方法是不断地接近榜样。

　　熟悉我的人都知道，我的榜样很多，几乎一个阶段就会树立一个，这样的好处是让我有新的斗志激情，更加有新的学习点。在感情上我是老干部作风，可是在榜样上我有点博爱，尤其是欣赏那些始终不从我大脑和视线中走出去的榜样。

　　比如晋杭老师、婉琴老师、王潇、罗振宇、罗永浩、申鹤、宗毅，这几年这几位在我心中的位置屹立不倒，就是因为他们始终都在前进，迭代自己的速度极快，他们是一群有结果又有效果的人。他们一直都用自身的确定性来对抗环境的不确定性，都是长期主义践行者。

　　长期主义者看"长期主义"，看到的不是一个主义、一个概念，而是做事的具体方法。这会让你找到一条能确定的通向你想去的道路。

　　一看到"长期"两个字，最容易想到的就是坚持的态度、遥远的终点。其实，"长期主义"这四个字指导的就是眼前的事，它就是一种做事的方法。

　　完成一个目标、实践一个事业，大约都是从一些小事做起的，找到做事的方法。成果，都是时间给予的回赠。

　　时间管理、演讲、写作、练琴，这几件事也是我这么多年一直在坚持的道路，不赶路，只感受路，学会享受坚持的过程。最近接受了五种时间的讲师面试，这又是一个离我榜样最近距离的时刻，崇拜了12年的人终于照进现实，内心还是超级激动。

榜样最好的作用就是让我想成为他/她，每次看到他们、想到他们，都是我努力后可能成为的样子，我就动力倍增。

【能量加油站】

我们来回顾一下今天的关键知识点：

用长期主义的思维去看待当下，不容易焦虑，更容易找到平衡的状态。还可以让自己怎么更自律呢？建议不断地接近榜样。

榜样们始终都在前进，迭代自己的速度极快，一群有结果又有效果的人，他们一直都用自身的确定性来对抗环境的不确定性，都是长期主义践行者。

长期主义者看"长期主义"，看到的不是一个主义、一个概念，而是做事的具体方法。这会让你找到一条能确定的通向你想去的道路。

重视自己的身份，是改变自己的终极力量

我经常上各种课程去学习，当老师问到"你想成为一个什么样的人"的时候，总会让我内心激荡很久，以前会觉得老师在灌鸡汤，但现在终于明白这个问题触及人类成长的终极力量——心理建设。

《掌控习惯》作者詹姆斯·克利尔描述了这样一个规律：人的行为改变可分为身份、过程、结果三个层次，不同层次的努力会带来不同的结果。

第一层：改变你的结果

第二层：改变你的过程

第三层：改变你的身份

我们以教育孩子为例，很多人都会给自己定这样的目标，每天陪伴孩子阅读半小时，但是结果往往实现不了太久，因为你只盯着最浅层的结果去行动。

少部分人会把注意力放在过程这个层面，他们不满足于做什么，还要探索怎么做和为什么去这么做。他们会花时间去想每天陪伴孩子半小时有哪些好处，比如会建立良好的亲子关系，会让

孩子的阅读量增大，会增加孩子的词汇，会让孩子作文写得好等，总之为做一件事情找到更多的意义，能做到这一点他们就非常厉害。但是这仍然需要大量的意志力去坚持。

只有少数人能看到身份这个层次，并主动从心理建设开始行动，他们会花大量的时间去思考，通过陪孩子阅读，自己要成为什么样的人，或者暗示自己本来就可以成为孩子的榜样，能把孩子培养得很优秀。在这个时候，他们就不需要太多的意志力去做这样的事情。

那些明确自己身份的人是真正的高手，因为他们会花时间进行心理建设，能从上到下改变自己。他们会告诉自己，"我是孩子的榜样""我相信孩子"。所以他们在遇到困难和挫折的时候，会主动选择给生命留下浓墨重彩的一笔，而普通人会对这种鸡汤式暗示表示怀疑。

在身份层面做心理建设，其实就是在潜意识里做心理暗示，如果我们不觉察潜意识，我们会发现，我们内在依然会像个孩子，会怀疑自己，会畏首畏尾，潜意识里的自己还没有长大。当我们不断暗示我们的身份，这种信念的力量，会成为我们成长的巨大推力。

很多人疑惑，这不就是吸引力法则吗？其实吸引力法则并不是单纯地在心里对想达成的事情发愿，而是改变自己对这件事的态度，保持一种自信、平和的状态，这样我们就能采取行动，最终产生好的结果。

在糖糖的教育上，我是如何在身份层面做心理建设的呢？我觉得最好的教育方式就是树立榜样，当孩子看到榜样，就会自发想要跟他去学习，想要成为榜样一样的人。而在我所接触的领域当中，晋杭老师就是我的榜样，所以我也想让孩子拜晋杭老师为师。我想让孩子从身份层面去意识到自己渴望成为什么样的人。

我想《金币的故事》一直会延续。我还能为糖糖的坚持做点什么呢？如果糖糖能成为晋杭老师的最小学生，就好了，这个念想定格在我心里。晋杭老师的学生很多很多，平台每月的课程、老师全国的讲座、各大高校的外聘导师……可以说桃李满天下，不会减少只会更多。

晋杭老师给我们计算天数的金币盒上有一句话："这辈子估计很难再有第二件事让我们坚持1000天了。"是的，1000天的陪伴已经够难了，总爱踩点打卡的我们，还要老师深夜检查两百多个学生的作业。老师牺牲的是自己宝贵的时间、不可逆的青春、健康的睡眠，我们更要珍惜打卡的每一天。

也因为每天的打卡链接，群里每个人的思想动态他都一清二楚。我特别记得群里会群的故事，老师既会给她冷静的时间去处理好自己事情，也会在合适的时候唤醒她，但自己该努力的部分一点也不退让。这份原则让她感受到更多人给予她的力量，她的故事让我再一次庆幸我还好没放弃，不然这会是我此生最后悔的事情。

我也特别记得惠惠的故事，她遇见晋杭老师后才是真正的向日葵，向阳而生。她用自己的快乐温暖了更多人，那本蓝色《未来演说家分享集》、那份心思、那种感恩，她认真给大家做反馈。

她的努力，证明了自己是一名特别合格的好学生。

好多人的故事都浮现在我眼前。老师改变的人太多，受他影响的人更多，正如一句有名的开场：爱他/她的人，总会让他/她一次次重生。所以，我希望糖糖跟着晋杭老师学习，让她心理产生渴望。我是带着糖糖打卡500天的成绩来汇报，糖糖真正做到了，再拜师。终于有一天，我向老师发出了糖糖的拜师申请，一天都挂念着，一会就瞄一下手机看是否有回复。

等待的过程，无比煎熬，直到临睡前还看了几次微信是否回复。其实我知道，此刻老师没回信息肯定是在忙，老师的工作繁忙，绝不是我们能用常人思维来思考的。老师一直用自己来诠释什么是努力、坚持、自律、严格、勇敢、智慧、感恩，老师身上的品质如此之多，这样的榜样一定是糖糖的最佳选择。

早晨打开手机听到老师的回复，立即从床上蹦起，尽管冷到瑟瑟发抖，但还是很激动地告诉糖糖和糖爸："老师答应了。"同时我也知道接下来责任更重了，目前已经失误好几次的我，不仅要保证自己不失误，还要保证糖糖不失误，对于检查这件事要更加认真。晋杭老师说：修行是一辈子的功课。很庆幸，我和糖糖能跟随老师一起。

而晋杭老师这几年身份的改变，让我看见他每到达一个层次就带来了截然不同的结果。以前他最不喜欢运动，可是他现在通过3个月的运动从80公斤减到54公斤。他还决定跑100场马拉松，跑马拉松的人很多，可是一跑就是百场的人绝对是稀缺，当他开始跑到第六场的时候，各种推荐官、体验官、代言人的合作纷纷找上门。

老师的第一场马拉松就是在东莞跑的，他跟我说跑马拉松的过程是与自己搏斗，训练自己的毅力和心力，创业也是如此，有一股能量，叫作你不放弃，没有人可以让你放弃。

并且老师每隔一段时间，就会给我发他跑马拉松的照片，感恩老师在远远的引领我，也让我感受到我也需要在创业上不断锻炼心力，我也要跑马拉松！

那天早晨，原本我也只想自己默默跑一下，没想到糖糖知道后立即说："妈妈我也要跑。""我可是早晨6点跑，你起得来吗？""起得来，起得来。"她跑着跳着不停地跟我说可以，接着老公也说："你们真要跑，那我也跑跑。"

跑步的队伍瞬间就壮大了，就像点燃火种般，全家人都早早睡了，糖糖还提前准备好要跑步的衣服。早晨6点跑步的队伍变成了我们一家三口、舅妈和果果。原来果果听说姐姐要跑，也积极地要跑，一行五人6点浩浩荡荡出发了。

感恩老师，我也即将开启第二个长期主义：跑马拉松！写书，是安静的长期主义；跑马拉松，是运动的长期主义，两个长期主义跨界一结合，内心无比自信！

老师最近一年从讲师转变成图书出版人，在知识付费行业完成了漂亮的转身，这样的身份转变也让我思考我可以为自己的行业做些什么。

在教育行业从事23年，我知道绝大多数的琴童都是在艺术培训机构或钢琴老师工作室学习，可教学需求如何规范、钢琴老师在专业上如何可持续性地提高、如何开展有组织、公益性的教学交流，这就迫切需要一个非营利性机构，对整个福田区的社会钢琴教育进行统筹化管理。

我联合几位志同道合的教育工作者正式向民政局申请做协会，想以社团为载体，广泛联系相关专业组织和机构，搭建一流的钢琴艺术学术交流和发展平台，开展形式多样的钢琴艺术公益演出以及宣传交流活动，积极提升钢琴基础教育领域的教师教学水平，努力建设一个积极有效、科学实践、健康发展的钢琴教育环境。

我也从一名机构创始人转变成音乐协会执行会长，这让我从各个层次和角度开始思考如何能够做出更多的贡献，而糖糖也会从我身份的转变中感受贡献的力量。

身份转变后能拿到结果，往往不是看眼前能做些什么，而是站高位置，扩大视野，着眼于更大的地图，找到新的破局点。而从最厉害的人那里去学习，犹如透过巨人的眼睛看世界，更容易找到问题解决思路。

【能量加油站】

我们来回顾一下今天的关键知识点：

人的行为改变可分为身份、过程、结果三个层次，不同层次的努力会带来不同的结果。

第一层：改变你的结果

第二层：改变你的过程

第三层：改变你的身份

那些明确自己身份的人是真正的高手，因为他们会花时间进行心理建设，能从上到下改变自己。他们会告诉自己，"我是孩子的榜样""我相信孩子"。所以他们在遇到困难和挫折的时候，会主动选择给生命留下浓墨重彩的一笔，而普通人会对这种鸡汤式暗示表示怀疑。

❋ 妈妈有智慧，孩子才有内驱力

孩子的梦想升级，需要我们不断支持

大部分孩子的梦想，都是成为他认知中很优秀、很酷、很厉害的人，或是做他喜欢的事，也有的是纯粹应付一下大人。梦想在孩子的概念中就是成为想成为的人，而这些形象绝大部分来自他们能接触到的家庭与社会中的人，也有孩子能接触到的书籍、视频媒体中常出现的职业形象。

糖糖3岁左右时，对医生职业的迷恋欲罢不能，最喜欢的玩具莫过于看诊手提箱。家里每个人都被黄医生看诊并扎针过。每次看她外出一定要全套带齐看诊手提箱，嘴里还要模仿着医生的口吻，故意压低嗓门："妈妈看着我，喊啊，你喊呀！"那个时候外出她总是比我们先能发现医院十字标志，只要看到就说："妈妈看，那是医院。"每次去打预防针她是又期待又害怕。

这时候孩子的向往，大多会以职业英雄、领导者形象出现，会帮助他人，能创造大件物品，甚至有"异于常人"的技能或"魔法"。

比如警察、消防员、医生、护士、运动员、司机、工程师、飞行员、舞蹈家、明星、市长等。一定是他们熟悉的，工作有画面感，孩子多少能理解点的，几乎没有孩子会说要当测量师或者质检师的。

还有的孩子要开糖果店，是因为每天想吃多少糖果就吃多少；想开玩具店，可以有无穷无尽的玩具可以玩。记得艺中的陈其辛小朋友梦想是当一名开超市的钢琴家，就是把想成为的人和喜欢做的事合二为一了。

成年人的世界，梦想披着光辉的色彩，但对天真的孩子来说，梦想是五彩斑斓的，也许他们的梦想并不伟大，甚至有一点"不现实"。但作为爸爸妈妈，我们千万不能以大人的价值观去绑架孩子的梦想。如果我们打击、嘲笑孩子的梦想，肯定会对他们幼小的心灵带来伤害。

学会尊重孩子的每一个梦想，是让梦想发芽的第一步。我们如何支持孩子的梦想？

第一，我们要对孩子的梦想有信念

好奇心是孩子的天性，家长如何对待孩子的好奇心，也就是我们外界的反馈，影响着孩子的未来。

孩子总会提出千奇百怪的问题，而父母们在生活中往往会随意敷衍，或是忽视这些奇思妙想。好奇心每个孩子都会有，对孩子好奇心的关注却不是每个家长都有。家长们能够面对工作中的种种难题，却在面对孩子的问题时总是不知所措。

在孩子的成长过程中，你的一句回答可能会造就不一样的结果。因为孩子们的好奇心背后，往往藏着对世界无尽的思考和想像。我们要做的是不停地对孩子进行正面教育，告诉孩子："我愿意相信你一定能够做到""别看你现在小，妈妈相信你一定可以实现自己的梦想。"

你相信什么，什么就会实现。

第二，深入到具体职业的背后，提供更多的资源给到孩子

糖糖3岁过后，"这是什么"和"为什么"成了口头禅，我以为6岁才会面对的十万个为什么，怎么这么早就来临了？也可能坚持讲故事打卡，让她的语言表达越来越丰富，她对事物的好奇心全都用在问"是什么和为什么"上。

有一天，她问我："妈妈，科学家是什么？""科学家啊，那可是最厉害的人，可以发明创造很多东西。"她突然问我这么厉害的人物，我立即配合用特别夸张且有点崇拜的语气来回答。"最厉害吗？什么都可以变出来吗？"她好奇又怀疑地看着我，于是我带着她在家里逛了一圈，把每样重要的东西诞生都归结给了科学家。

"妈妈，科学家好厉害啊，我要当科学家。"从那天起，每当回答完小妞的为什么后，她都跟一句"是科学家变出来的吗？我也要当科学家。"不管是爸爸问还是其他人问她，糖糖你的梦想是什么？她都坚定地说"科学家"。

科学家本身就是社会对具有一定成就的科研工作者的俗称，世界上更多的是各个领域、各个细分方向上的普通科研工作者。但在孩子的认知中，科学家是"魔法师+发明家+工程师+科学

家"的综合体，是头脑聪明、动手能力强、好玩又有趣、能研究出厉害东西或者创造出伟大物品的人，通常还是一个穿白大褂的人物形象。

糖糖梦想的发芽就是这样，生活中疯狂地喜欢《冰雪奇缘》里的艾莎，就是因为她会魔法。小的时候可能还能扮演一下艾莎，现在大了，知道艾莎是动画片里的角色，而科学家是真实的，所以一下把对艾莎的喜爱转化到对科学家的向往。

对孩子来说，科学家很远，但科学就在生活中，可以从我们日常中的小观察小研究做起。孩子们天生具有好奇心，对日常生活中的现象具有极高的兴趣。所以糖糖在家被她点名的游戏里，做实验是最高频次，我也为她准备了充足的实验工具。还有日常的捡树叶观察，带探照灯去看夜间昆虫。

在好奇心的驱使下，孩子就会想要了解周遭事物，观察会发生什么变化、反应，并把自己的想法付诸实践。而且面对问题会不放弃，重新再来。这与"科学家"的基础工作逻辑是一致的：观察、提出问题、假设、实验验证、推论。

第三，带孩子去接近梦想里的具体场景，激发孩子更多的感受

梦想的目标有了，如果让孩子的梦想"一闪而过"，那么就永远没有实现的一天。这跟我们大人实现梦想一样，孩子更需要我们帮她把梦想变成分阶段、可实施的各个小目标。梦想具象化的过程，可以让孩子更加了解实现梦想要做出的努力。

于是我的家中多了更多关于科学的绘本，旅行中必不可缺少

的一站就是各种科学馆，跟着小小的她也补足了我不少科学知识。从某个角度看，科学其实是知识、方法与态度的综合。这对孩子认识世界、理解世界、激发兴趣、培养学习内在动机、关联学校学科学习都有好处。孩子的习惯无论好坏都很好建立，国庆放长假，我想让糖睡懒觉都不行，7点左右准时听到一个声音大喊"妈妈"，然后就不睡了。

记得从北京的中国科学技术馆出来后，糖糖面对着外面墙上一个个人物的照片问我："妈妈，他们都是谁？""他们都是为国家做贡献，让我们的生活越来越好，为世界人民创造了很多发明的科学家，国家授予他们最高荣誉奖章。"我的回答生怕托不起他们的光辉。说实话，当我站在肖像下看着他们面容和介绍，我的崇敬之心油然而生，这才是真英雄们。

"妈妈，我要做跟他们一样最厉害的科学家。"

瞧，孩子的梦想升级，需要我们不断支持。梦想的萌芽，就是在童年时期建立并形成的理解、态度与价值观，并在持续的学习中成长壮大。每个孩子的梦想都值得被看见。糖糖，妈妈希望你成为一名科学家！你只管努力，我会在背后用心守护你的梦想！

【能量加油站】

我们来回顾一下今天的关键知识点：

学会尊重孩子的每一个梦想，是让梦想发芽的第一步。我们如何支持孩子的梦想？

第一，我们要对孩子的梦想有信念。有好奇心是孩子的天性，家长如何对待孩子的好奇心，也就是我们外界的反馈，影响着孩子的未来。

第二，深入到具体职业的背后，提供更多的资源给到孩子。

第三，带孩子去接近梦想里的具体场景，激发孩子更多的感受。

孩子的梦想升级，需要我们不断支持。梦想的萌芽，就是在童年时期建立并形成的理解、态度与价值观，并在持续的学习中成长壮大。

✳ 妈妈有智慧，孩子才有内驱力

接纳自己，是允许自己有缺陷的状态

　　有段时间因为忙于活动，几乎没有在糖糖身边待过，等活动圆满结束后，这几天赶紧给阿姨放假。接手糖糖的日常照顾后，才发觉我的糖糖不见了。而眼前看到的糖糖，易怒易生气、烦躁没有耐心、眼神凶狠，不爱分享且斤斤计较，"讨厌你"成了口头禅。如果这些情况是偶尔出现的，不会引起我的警觉，上述情况的出现频率几乎已经达到了我们在一起的每时每刻。

　　哪怕刚才送她去上学又都爆发了好几场：

　　我手里东西太多还要抱她，把小白放入书包，她不肯，大哭……

　　路上偶遇车辆急刹，大哭……

　　买面包问她要不要下车选，大哭……

　　最后因为一颗糖果大爆发，尖叫、讨厌你、乱踢乱打、大哭、凶狠的眼神……

　　而这一切都发生在我陪伴的3天里，在一直耐心引导和沟通的情况下，还是会频繁爆发。我的糖糖短短3周怎么就变成这样了？不，可能是我们一步一步让她变成这样的，爸爸妈妈动不动经常几天不在家。想想之前的可爱糖，我知道是我最近的缺失所导致的。

不怪任何人，正如我给爸爸分析的，把糖糖完全交给阿姨带，势必就会培养出一个阿姨式的孩子。我每天口口声声说家庭教育大于学校教育，教育是生命影响生命的过程，可这个过程最离不开的就是父母。

尽管所有老师都表扬她，都向我称赞她，每天的打卡都在继续坚持。可是在家庭教育这方面，我最近确实缺失了，而对于聪明的糖糖，什么都接收得快，这个包括好与坏。

这两天看着这个孩子，我知道是我的问题，我接受，也要改变。最让我骄傲、欣慰的糖变成这样，我再成功有什么用？自己的孩子都没有照顾好，想到这里就痛心不已，接下来无论我多累多难，都要每天跟她生活在一起。为母则刚，我需要不断突破自己的舒适区，让生命迎接更多挑战。

孩子是自己的，只有你的一言一行才会去影响她，而不是让别人每天耳濡目染她。别人故然有他们的职责所在，但陪伴和教育本该就是父母的责任。

昨晚跟糖糖玩公主游戏，她真的好开心，其实只要提前跟她说明，她都会愿意理解和配合。

往好的方面想，一切只能说糖糖反应太快，太聪明，太是一个好苗子，有我和爸爸那么好的基因，她本身就是一个高需求的孩子。我们却因为忙于自己，只顾及自己，而忘记了她的成长需求。

还好，有觉知，一切都不晚，无论爸爸怎样，我都要把母亲该有的陪伴做好。不能错过她成长的最好时期，她一天天在长大，当性格、品质定型了，我们再悔悟就无济于事了。

我也是个普通人，也会有很多做不到的地方，但相信自己可以做得更好，只要现在就行动起来一切都不晚。真正的自我接纳，是允许自己有缺陷的状态。

我要做一个妈妈，我不要做完美的妈妈，我在教育里是允许有缺陷的，我在工作里也是允许有缺陷的，我也允许自己在生活里，有时处理不好关系。我知道我无论怎么努力精进，上多少课，看多少书，我都会有一些缺陷。

但是我可以从中学习到更多，我学习放下完美主义的倾向，我让自己变得更放松，拥有更多的心灵自由，这不是很棒吗？要允许自己有缺陷的状态。

我的人生并不是每一件事情都值得让我自豪，这就是我的道路。

【 能量加油站 】

我们来回顾一下今天的关键知识点：

真正的自我接纳，是允许自己有缺陷的状态。当我们学会放下完美主义的倾向，就会让自己变得更放松，拥有更多的心灵自由。

"我的梦想"：BOBO 大学姐关于这个有趣的夏天

分享一篇姚雅晴完成舞台演奏梦想的点滴：

这个夏天的故事，要从初春开始……

农历正月十二，春节还没过完，我们社区突发新型冠状病毒肺炎疫情进入了紧张抗疫模式，24小时又24小时，所有人社区工作人员在长时间高强度的工作下已经快累到了。这时我儿时的钢琴刘老师突然发来《趣夏》音乐会的链接，问我想不想参加，我当时忙得没空仔细看，甚至时间、地点都没细看，但是我立马答应了。因为对于学音乐的人来说，应该都会渴望登上舞台吧，再加上3年前的音乐会"鲍蕙荞与她的孩子们"已早有耳闻，当时看到视频就羡慕不已：要是我也能去这样的舞台就好了！所以这次刘老师的邀请，我没有一丝犹豫就加入了。

接下来几个月，我开始面临各种各样的挑战。报名的时候才2月份，想着6月份的音乐会，到那时，新型冠状病毒肺炎疫情也该平复了吧？结果疫情反反复复，后来的几个月时间，这场音乐会都在和新型冠状病毒肺炎疫情"作斗争"。

前期心理压力

刚开始报名的时候我是有点担心的，因为我报的是教师组，同组的都是从事钢琴教学多年的老师，就算没有教学经验的两个师妹也是舞台经验丰富的科班生。而我大学的专业和现在的工作好像都和钢琴搭不上关系，只凭着儿时的童子功和对音乐不放弃的热情，我有点不自信了。我好想立马拿起谱子开练，可是第二道难关又困扰着我。

时间

报名之后，东莞和深圳两地新型冠状病毒肺炎疫情反反复复，社区工作都在防疫最前线，我经常几个星期都在单位睡，别说想要练琴了，有时候连回家看看家人的时间都没有。直到3月底，我终于开始我的练琴之旅。最先拿到谱子时，我不知道自己哪个声部，但是我知道我识谱肯定会比其他老师慢，所以我必须笨鸟先飞，于是我把所有高声部都先练了一遍。4月，临近第一次排练，各位老师陆续结对练习，但由于我的工作时间跟她们正好相反，很难凑到一块。她们用白天时间教研排练，我只能牺牲午休和下班时间加班练习。

新型冠状病毒肺炎疫情

反反复复的新型冠状病毒肺炎疫情，对于举办方和我们演出人员来说都是巨大的挑战。原本音乐会的时间是在6月11日，后来因为新型冠状病毒肺炎疫情，所有排练时间、演出时间、地点都重新调整。这当中有喜也有忧，喜的是地点换到了深圳音乐厅，到更大的舞台去了，时间改到了7月25日，多了一个月的练习时间；忧的是重新调整的时间跟我预想的完全不一样，排练、演出、工作之间要如何协调成了我这几个月最大的难题，加上换岗位后时间更受限制，新型冠状病毒肺炎疫情影响通勤等，这些困难甚至导致我这几个月经常不能安心入睡。

比赛

比赛是这个"趣夏"中的一个小插曲，但是也得到了意外收获。

5月底，师妹突然跟我说，一起去参加比赛，提前适应舞台的感觉。听到这个消息我先是愣了一下，我居然还有机会去参加比赛？这还比较有意思，琴行小姐姐甚至刘老师都以为我学琴那么多年应该参加过不少比赛。但事实是我小时候最多只参加过镇里的小比赛，这一直是我学琴以来的遗憾。这次有这个机会，那就参试一下吧。于是我和淑君开始了疯狂练琴模式，我俩还因为练琴太积极耽误前台下班而被拉入了"黑名单"。

当时决定参赛的时候距离初赛只有2周了，虽然曲子已经弹下来了，但是要短时间加强默契度和背谱，还是有点难度。那段时间可以说除了上班和睡觉，其他时间都在琴行，仿佛回到了考级那些年。高强度的训练、精神的紧张、加上天气变化，我成功在比赛前倒下了，还是多年一遇的流感。本来计划是比赛前2天找刘老师指导一下的，这一发烧就在家躺了3天，我当时已经做好了直接去不了比赛或者不练习直接上场的打算。

幸运的是，在比赛前一天，虽然身体状态还是不太好，但是总算有力气起来练练琴了。

这次同组的都是年纪比较小的小朋友，看得出来多数和我们一样缺少舞台经验，但是也有出乎意料的，几个金奖的小不点实在稳得让我们感叹很"厉害"。虽说我俩的表现差强人意，但得了个银奖还是很受安慰。

不过拿奖不是重点，重点是努力去挑战突破重重难关后的感觉真的很棒，也明显感受到了自己的进步。两个人练琴和一个人练琴感觉还是很不一样的，以前可能就是手上的练，最近我发现我俩都学会听了，自己练习的时候可能差不多就过去了，但是两个人或者一组人的时候，我们互相督促、互相要求，有时候感觉我俩都是在给对方当陪练，耳朵变得挑剔起来。

终于到了我无比煎熬的演出，也是最开心难忘的时刻。因为工作和其他伙伴的性质不同，每一次排练、演出，都需要花费好大力气去请假。好不容易请好了演出当天的假，新型冠状病毒肺炎疫情也逐渐走远，想着这次应该能成功出演了，结果造化弄人，台风要来了。

下班时间我正满怀期待地去琴行，我们突然被告知音乐会受台风影响延期了，这下所有人都没心思在练琴上了。这是第三次改期了，第一次6月11日改成7月25日，第二次7月25日改8月25日，这次是8月25日改8月30日。一次次拿出最好的心情和状态期待演出到来，一次次又被浇灭。

从被告知再次延期那一刻起，我的心就开始焦虑不安没能停息，该怎么再次提出调休的问题，困扰了我一整个晚上。晚上9点，群里又热闹起来，主办方说看台风情况努力争取如期演出，这时我已经把销假申请发了出去。那个晚上真的是很煎熬，一次次做梦惊醒，早上醒来第一件事就是看手机，看看有没有新的通知，观察台风走向。一直焦虑到中午12点多，终于收到了恢复演出的通知，这时我才稍微放下悬着的心。

回想这个夏天，仿佛做了一场梦，这几个月真的有太多的不容易，练琴的累，学习和工作的平衡，新型冠状病毒肺炎疫情、流感、台风、距离等外力因素的干扰……有时候甚至烦恼到失眠、做噩梦，一次次延期让人心力憔悴。

不过或许这些小插曲，都只是为了显得这次舞台音乐会更加珍贵难忘，更有意义，更多的是快乐、收获与感动。不管老师们还是孩子们，都很难忘记这个曲折又有趣的夏天吧。而我也终于实现了3年前一句不经意间说出来的梦想"要是我也能上那样的舞台就好了"，成功圆了音乐厅梦，圆了多钢琴演奏梦，圆了舞台梦。

这个夏天，真的是有很多趣味也有很多煎熬，收获了很多，也失去了很多，不管结果是好是坏，这都是个有意思、有意义的夏天。我也想用这个夏天的故事告诉自己：坚持自己的热爱，认为有意义的事情，想做就大胆去做，有梦就勇敢去追吧！不管是开心还是痛苦，圆满还是遗憾，都已成为回忆，向前看，未来会更好！

【能量加油站】

我们来回顾一下今天的关键知识点：

过程重于结果，要享受过程，在这个过程中收获到了什么。证书是最后的一个收获，在获得证书前的收获才是最重要的。

6

>>>>>

行动力：榜样的期待，
会倒逼我们成长

>>>>>

下定决心，和糖糖一起写本书

晋杭老师提起一本书，是他进阶班请来的母女作家，我没在场学习，更惭愧的是书到手我也没阅读。只记得翻阅了一下，"你是我最好的事业合伙人"这句话有震撼到我，母女之间用合伙人相称，瞬间就感受到平等、尊重、合作、共赢的画面。

老师问我："有没有什么你见过的一本书，是你特别渴望，特别想写成它那样的书？"

我大脑飞速运转，看到哪本书我都很有感觉，可是哪一本是我想成为的样子？我回答不上来了，这有点像我们总对孩子说希望你成为某人，可是某人就是一个名词，一点也不具象，根本不了解谈何吸引，更不用说渴望成为他。

我："老师，没有，我脑海中没有我想写成的书，不是我有多狂，看不上那些书，而是因为我输入太少，还没有见识到更多书。"

老师："糖糖打卡多少天了？"

我："516天。"

老师："想象一下，身边有相似的故事吗？"

我："没有，在糖糖坚持的影响力下倒是有果果在坚持，很多朋友知道糖糖打卡的事，都心生羡慕，也想让自己的孩子如此。"

老师："别说你身边没有，我身边也没有，如果我是父母，我会很羡慕你和糖糖。你有想过和糖糖一起出一本书吗？"

"什么？我和糖糖？"她才刚5岁，哪里能写书，我都写得这么困难，更何况她。况且她那么小，也没取得什么成绩，有什么可写的？我当下第一反应就是抗拒，这份抗拒来自不自信。那对母女出书，两人背后的光环背书可耀眼了，她们都在业内取得了成绩，连女儿都有一长串履历可以闪闪发光。

想想自己怎么了，差点就否定了糖糖。好在老师还是很坚定地在引导我，他告诉我那对母女的书籍，就是想让我知道市面上有这么一种角度的书存在，

而我可以用糖糖的成长故事去结合钢琴、音乐，结合赋能教育，同时又让孩子当成一个作者来去面向这个世界发声，去鼓励更多的同龄人。老师觉得这是一个更棒的角度，从妈妈的角度来写，这个孩子跟我之间的故事。

老师希望我这个角度更加立体，"你既从自己的角度出发，又让糖糖来发声，到时候你们俩的名字成为联合的作者印在书上，这对糖糖一生都会起到一个非常……我是教演讲的，但我现在无法用一个很具象的词汇，来表达这种对她一生都有穿透力的这种影响。"

我听完后，感觉到心被撞开，瞬间进入心流时间。是啊，我已经要转写亲子沟通方面的内容，落实到糖糖岂不是更具体。原本要写的内容，只需要植入糖糖的故事就好。唯一的难点就是晋

杭老师说需要我每天开始采访糖糖，用语音备忘录把所有对话录下来，摘取有价值的记录下来，因为糖糖也是作者之一。

老师说，现在这个数据时代下，算法为王让很多价值观扭曲，很多孩子觉得流量才是要去追求的，很多孩子每天都活在流量里，而你要让你的孩子活在作品里。糖糖500天第一本书，1000天第二本书，她的成长有那么多1000天组成，你的书就是系列书籍，这就是正面教育，价值观很正向，主流媒体都会有关注度。

我眼前真是一亮，好的演员让别人记住的不是名字，而是记住作品。从金币的传承，再到共同的作品，老师一直是我前行的灯塔。带着这股兴奋劲，我立即尝试打开手机去采访糖糖。

我："糖糖，想跟妈妈一起写书吗？"

糖糖："想。"

我："那你觉得写一本书难吗？"

糖糖："难。"

我："那你怎么跟妈妈写书呢？"

糖糖："思考，认真思考，不要快。"

当她回答出这个时，我体会到老师说每天采访的含义了，倾听孩子的声音，总会给到你意想不到的答案。有了这个采访，对我又是极大的挑战，因为我担忧每天是否能问出好问题，是否能因为我写的内容，可以和她架起沟通的桥梁，听到孩子们是怎么认为的，这个真是又难又有意思。

糖糖3岁前，我用微博记录了她3年的成长，糖糖3岁后开始跟我一起每日讲故事打卡，现在又要和我一起写书。我们不要把孩子当小孩，我们的世界本来就是一个世界，完全可以做同样的事，这才是真正的相互陪伴，共同成长，做彼此生命的合伙人。

我想糖糖的成长，就是10岁前可看见的角度，而在这个过程中我做的最对的一件事就是爱她。我一直不停止自己成长的脚步，迎难而上。因为我希望成长的道路上，我是她的榜样，追求梦想、独立、正能量、努力上进，最好的教科书就是自己。

爱糖糖和爱自己是不一样的，爱她，我就会希望她未来少经历痛苦，即使我知道那些终究躲不过；爱自己，我会花足够的时间关注自己，但更重要的是，会主动迎向那些压力和痛苦。

决定了，我和糖糖一起向这个世界传递这样的价值观，一起来发声吧！

【能量加油站】

我们来回顾一下今天的关键知识点：

在算法为王的时代，很多价值观已经被扭曲，很多孩子觉得流量才是要去追求的，每天都活在流量里。

而我们要思考如何让孩子活出有影响力的状态，思考孩子喜欢什么。比如写作、演讲、音乐、画画……找到一个孩子可以用单点击穿的方式，坚持帮助孩子活出人生中一部又一部的作品。

时而热情高涨，时而自我怀疑

　　一周过去了，奇怪的是，明明提早那么多，为什么会那么轻松？为什么不困？之前7：30起床是最痛苦的，左翻右翻依依不舍的才肯从床上起来，可是现在5：30都是闹钟一响人就已经离床。

　　我想有5个原因让我动力如此之强：

　　1.写书的决心和紧迫感，在自我否定和笃定感间练习坚定

　　2.提前打卡的轻松和愉悦，获得自我安全感

　　3.时间的充裕增加了可控性和满足感

　　4.搜集素材的过程有大量输入，让思考更有方向

　　5.不被打扰的专注，心流时间来得特别快，停留得特别久

　　写完这5个答案，没理由不把早起践行下去。而且早起触发了我对习惯和规律的渴望，我慢慢开始顿悟我的内心想追求的秩序感是什么。

　　不是完成一种形式，而是在混乱中坚定地建立秩序。

　　每个人都拥有重新再来的机会，都有不同的人生关卡，重建人生秩序，才能拥抱无数种可能性。

　　2013年诺贝尔文学奖获得者爱丽丝·门罗曾说："我三十六七

岁才出版自己的第一本书。而我20岁时就开始写作，那时我已结婚，有孩子，做家务。即便在没有洗衣机之类的家电时，写作也不成问题。人只要能控制自己的生活，就总能找到时间。"

那些所谓的灵光乍现，其实都是基于大量阅读、思考、写作之上的回馈，灵感给写作以滋养，却也孕育于写作中。如果不坚持写，再多的灵感也只能是存在于个人脑中的无序思维碎片中，与做梦类同。我经常半夜脑海中冒出很多书中的内容，可是身体却沉睡，思想再活跃也没用，没有被记录，第二天就是黄粱一梦。

潇洒姐和李筱懿都是即使当天感觉自己没什么状态，也要坚持写满3小时，每天如此，从不间断。我也曾努力效仿，写作100天首日开营的日子，我用最近习惯的自问清单来记录这猛烈的一天。因为那一天不只是写作，还有美貌、运动同时开营。我除了原有的时间管理在继续，前几天还开始了喜马拉雅读故事、粤语学习、如何读绘本、双语亲子绘本共读等，我每日清单里他律事件已经高达19项。

为什么会这样？因为我想要的太多。老板、老婆、老师、妈妈、女儿、朋友，身份太多，样样都想做好，不去努力、不去拼、不去试试我就老了。自从开启了知识的输入，以前特别介意别人问我年龄，而现在越来越坦然年龄这件事，甚至开诚布公地告诉大家，我要奔四了。马上要迈入40岁的我，还有多少可能？还能创造什么奇迹？还可以书写怎样的人生？

我想知道，所以我愿意承受现在经历的一切，并且用加速行动来实现这些。现在每日更加高效地完成清单里他律事件（生存时间），快点进入待办事项，好好钻研赚钱时间。前两者的完成才可能实现我想要的好看、好玩、心流时间。

有空闲就用他律的方式来完成任务，有专注就做喜爱的事情。自从时间秩序重建，我对自己的信心也膨胀起来，"立即做，做完它"就像是我的行动指南。

自从晋杭老师点燃我写作的梦想后，我也不知道自己出书的初心是什么。如果说我也一定要写一本书，那就是因为老师的认可，"你人生下一个巅峰就是写一本书"还有老师的寄语"期待你的书"。

我以为这就是我的初心，但后来发现这其实是虚荣的初心。因为就算老师给你希望、给你鼓励，可是写书的依然还是你。你一动不动，没有方向、没有内容、没有文笔，还不是空谈！写什么？怎么写？成了最大的难题和困惑，也让我质疑了写作这件事。

而且我对自己还不够狠，写作的时间太少，专门写作的时间挺难找的，我也常想自己能不能把写书像店内运营一样管理起来，确定写作目标之后，就像是项目管理一样，有安排、有提纲、有截稿日，可是感觉还是好难。

好在我有个作家好朋友吴琼，我们最近的对话，最高频出现的一句话就是：用出书倒推计划表，从而倒逼自己写作。记得那天和演星聊起一次活动中的惊喜，她说吴琼就是老师专门带给你的天使。是的，正如她描述的我一样，她在我心中就是最能体现那句"温柔而坚定"的人。

她无私地分享了她的写书资源，把出书编辑介绍给我，也像她写的那样，把出书步骤、计划都一步一步告知我。编辑让我找到了书写方向，从事了这么多年教育，看到了那么多琴童经历。能给学琴的妈妈和孩子给予指导和帮助，少走弯路、用方法建立信心、用爱保护兴趣，这不就是我们艺中艺术教育一直想要传承的理念吗？如果我能用文字把它记录下来，这比我跟多少个人谈话、开多少次培训会、做多少场活动，都有效、都有用！

我写书的动力和初心一下呈现了，让琴童和父母都有一本音乐学习指导手册，陪伴他们在漫长的学琴道路上，既能培养好兴趣又能做到无惧坚持。让不喜欢但必须要做的事——练琴，成为一种习惯。感受音乐，让喜欢又有想象力的事，一直成为心中热爱。

我想这本书的诞生将为我的行业、我的企业、我的团队、我的家庭、我的个人，带来无限大的荣耀。有了写作初心，热血涌上心头，接下来就是具体的写作方案。如果没有清晰、准确的写作计划，这一切都是"狼来了"的故事。

于是我制作了计划卡，初心有了，写什么确定了，用公众承诺式的写作计划倒逼自己完成。

如果你觉得一生中一定有什么要写下来，也许就是今天，就是现在。

【能量加油站】

我们来回顾一下今天的关键知识点：

很多时候我们不是想好了才出发，而是出发了学会在迭代中成长。我们不是完成一种形式，而是在混乱中坚定地建立秩序。在你下定决心的那一刻，改变就开始了。

孩子，我们在更高处相遇

国际象棋老师推荐糖糖去比赛，可是我看到时间表惊呆了。天啊，比赛要整整一天，当下就想打退堂鼓，可是糖糖的一句话又坚定了我："妈妈，我是要和7个小朋友下棋吗？"

我："是呀，那时间会很长哦！"

糖糖："没事，我输了就要和输的人下，赢了就要和赢的人下！"满脸都是期待，一点也没有顾虑。

好吧，那就陪你征战一整天。

糖糖学棋大半年，因为哥哥们都在学，她几乎从记事的时候就见唐老师、上课学习国际象棋。随着她长大，兴趣课程开始进入，但国际象棋一点也不是我考虑的范围和计划之内。没想到从她开始说话后，念叨的最多的就是"我要学国际象棋"，老师随口说了一句"等你5岁吧"，没想到小家伙就记住了，总说自己过了生日就可以学。

过年时哥哥们又回来，唐老师在家上课时，她就不肯走了。整堂课待在里面，看到这样的情况，老师说虽然小，但可以让她试试。她开心的不得了，就这样我们开启了国际象棋学习。因为唐老师没有时间，只能给她排早上8点，上完就9点了。每次上国际象棋课时间都非常紧，要么是边吃边上，要么是上完赶紧睡觉，我看着她都觉得心疼。

有几次我尝试问过她要不要不上课了，可是她都坚定说要学。这个课程是我最不操心的课，因为她自己喜欢。喜欢来自哪呢？学，一定不是一个单一的课程，而是氛围的陪伴。哥哥们的氛围，妈妈平时陪着下棋，唐老师的耐心引导，这些都不是发生在课堂里。

所以当老师问我要不要参加这次比赛时，我毫不犹豫，小糖也说没问题。只不过我看到这张时间表时，我自己要做好对以下几种可能发生情况的思考：

1.她一场也不比

因为要单独进去，家长不能陪同，所以不知她可不可以独立在里面那么久？还有场合里那么多人，她会不会因为紧张就不进去了，毕竟之前频繁遇到她临阵退缩的情况。

2.她坚持不了7场

时间真的太长了，这真是一种考验。这类型的竞技时间都很宽泛，程度不一样、水平不一样、现场发挥不一样，时间就会不一样。所以9：40—18：30的时间跨度，对孩子真是一场考验。

3.输了她能不能接受，连续输愿不愿意继续比

跟孩子玩过的人都知道，孩子输不起，其实我们大人也输不起。不过大人会掩饰，孩子不掩饰，可能输一次就不肯继续玩下去了，更何况连续输呢？

这就是对我极大的挑战，既是挑战也是突破，又是一次练习接受当下，与她不断联结的好机会。第一局糖糖赢了，输的人签名，第一关心理建设过关，她超开心地接着比下去。第二局输了，她签了一次名，感受了一把骄傲就会放松的经验。只要心态好，感觉就不一样，输赢一致。

这次比赛，还感受到一个点，就是越来越觉得孩子只注重当下，父母瞻前顾后，就是不聚焦当下。这次是半封闭式的，在这里就能看到家长的各种状态，有的在旁边喊：

"你怎么不动啊！"

"你快下啊！"

"你不要东张西望，快点下啊！"

"你赢了给你买礼物！"

……

我觉得比赛前应该给家长们和爷爷奶奶们先讲解：如何做一个不干扰小朋友的家长。想要孩子专注，送孩子来也是专注的一个展示，可是自己却一直在破坏专注。

我们要把了解孩子放心里，体现在行动中，融入语言表达里，觉察到偏离就慢慢修正，只要回到"你为什么带她来的发心"，就会内心平静。凡事，事上练，才是双赢！

【 能量加油站 】

我们来回顾一下今天的关键知识点：

很多时候让我们紧张的不是孩子，而是我们自己。真的把了解孩子放心里，体现在行动中，融入语言表达里，觉察到偏离就慢慢修正，只要回到"你为什么带她来的发心"，就会内心平静。

相信自己，也相信孩子，才能在更高处相遇。

复盘，就是在事上磨炼

这一局我用对什么，我赢了？

这一局我失误什么，我输了？

这是我最近跟糖糖沟通最多的话题，也是我最近自己练习最多的问题。学到的知识如何有用，就体现在事上练，只要能有练习的机会就都不要放过，最好自己做，身边做，处处做。

就像有位老师在讲"倾听练习"时，她刻意练习了半年，才让耳朵真正的打开，嘴巴真正的闭住。别看耳朵的功能都在，嘴巴也会自动闭合，可就是这么奇怪，没有刻意练习，这些功能都"不存在"。

"宝贝，妈妈很好奇你刚才用了什么招数就赢了？"糖糖得意地说她怎么瞄准了对方的国王。

"宝贝，妈妈很好奇你在哪一处失误让这局输了？"糖糖会说别人王后怎么变身，自己怎么没看到被瞄准。

每一局一结束，我都会带她离开赛场，在附近溜达一下，顺便讨论一番。我两愉快地复盘完，我还会鼓励她给老师讲述一遍，一是加深印象，二是能收到老师的指导和鼓励。下一局又动力满满地走进赛场，我到底做对了什么，让她一点也不抗拒地走进赛场？就是练习了这个句式，无关乎输赢，而是蓄电。

我发了这样的一条朋友圈："5岁5个月的糖糖经历第一次从早比到晚的比赛，也是对糖糖妈极大考验，毕竟之前有过很多小状况，也因为如此，我这次预备了很多可能发生的状况。

1.她一场也不比（这么多人，要单独进去，家长不陪同）

2.她坚持不了7局（时间太长了）

3.输了她能不能接受（连续输还愿不愿意继续比）

"结果一切出乎我意料，什么可能都没发生，连续输4局也能继续比，心态特别好，输赢一致，坚持到最后成了我的小英雄。

"学国际象棋是因为哥哥学，她也非要学，遇到有缘同名的糖老师让她越来越喜欢国际象棋。竞技类智力游戏一定要在赛场上多积累经验，果然这次收获满满，一路回来小嘴都没停地说自己是如何败给对手的。

"无论学什么，这条路都很长，就像今天的比赛一样，开局赢不算赢，坚持下去才能到达终点。荣获第5名，今天是棒棒糖。"

接着，朋友圈热闹了，大家都在惊叹糖糖的表现，我已经惊喜过了，最后还是要冷静总结。什么做对了继续做，什么做错了要改，一切只为还有下一次，于是我写下复盘日记：

这次比赛我做对了什么，让糖糖比赛顺利？

1.赛前心里预设

比赛前，我已经想好了好几种可能发生的状况。其实任何一场参与，孩子感受的都是当下，她看到的、体会到的会决定喜欢不喜欢，可是我们大人的情绪却不是这样的。任何一种现象都可能被触发，然后越想越糟糕，最后情绪的尾巴就又臭又长。

比如我开车到商场前才发现现场人山人海。533名参赛选手，我车里一个选手就有3个大人陪同，可想而知其他家庭也差不多。那个停车场前已经大排长龙，我赶紧让阿姨先带着糖糖下车，还好没迟到。我在地下车库绕了十几圈都找不到停车位。看到有些一个人带孩子参赛的家长，情绪烦躁，隔着车窗我都能感受到他们的怒火。好多家长直接乱停车，扯着孩子就跑，还有家长因为找不到车位一直在抱怨，甚至有的家长为了抢车位吵起来了。你想带着这种情绪去参赛，身边的孩子能不受影响吗？

我举一个停车的例子，一场比赛可能被干扰的地方很多，我们身为家长一定要稳定自己的情绪。做好孩子氛围的保障，让孩子无负担地去玩、去参与、去感受。

2.保持联结

每一局结束，我都会和糖糖保持联结，比赛的时候孩子是一人独自应战，那结束后一定要给她一个温暖的抱抱。

联结不是指你人和人在一起，而是指思想、情绪、肢体，你和孩子有沟通的话题，你能知道她当下的情绪，你愿意拥抱她、牵着她，甚至抱她一会。这一切才是联结，因为这已经是我的日常行为，所以这一次我做起来非常轻松。

3.感恩贯穿

虽然糖糖一人比赛，但她背后有老师鼓励、有阿姨帮忙、有妈妈关注。我在群里不断向老师表达感恩，向阿姨表达感恩，这些感恩都会回馈到你的孩子身上。比赛结束，她虽然没有进前三，但我为她能坚持到底而感到骄傲，所以特意去跑了3家店，买齐了她喜欢吃的零食，她对于突如其来的零食大礼包开心极了。

感恩一定是动词，而不是冷冰冰的名词。我群里的表达，行动上的付出，都不是让孩子去做，而是自己去做。一切从自己出发，我懂感恩、我会感恩，我相信我的孩子一定能受到影响。

这次比赛我做错了什么，让糖糖比赛成绩第五？

1.匆忙报名

星期二老师上课才说比赛，她也是没想过糖糖可以，只是试探性问她，结果她就说可以。我当然支持，可是一算从报名到比赛才3天时间，真是太短了。想想我们给学生报钢琴比赛，至少提前一个月。

2.赛前没有练习

明明要去比赛了，却一次练习都没有，这3天我应该多陪她练习。

3.课程的复习

每次上完课我都没有带她练习过，老师给她一本棋书，每次留了作业，我也从来没和她做过。孩子在家的时间很少很少，想要把所学都顾及真是恨不得把时间掰几半用。

这三点我没做到，所以孩子取得这样的成绩非常正常，甚至还超常发挥。只有在背后有很多积累，才有可能成绩惊人。这就很符合运动员密码，少一点都不行。这也是我心态好的原因，我都没怎么付出，怎么就会天上掉奖呢？有过这样的复盘，心态就完全没问题。不会期待值过高，行动值过低。

换到我的生活和工作里，你做对了什么，你做错了什么，你收获了什么经验，再遇到同类的项目，怎么样处理。每经历完都要自我剖析一下，明白了，就能沿着正确的方向继续前行。

复盘最重要的目的是规律总结。规律包括两方面，一方面是认知，通过复盘，对于思考问题以及解决问题的方法有哪些心得，对于某些事物的认知有哪些心得。如果能够总结出普遍使用的规律性的东西，就能提升认知。

另一方面是实践，假如再次遇到类似的项目，我们应该怎么做？如果总结出规律，未来在类似的事情上一定可以做得更好，这就是"吃一堑长一智"，甚至是"吃一堑长三智"。回顾过去，是为了更好地面对未来。

【 能量加油站 】

我们来回顾一下今天的关键知识点：

复盘最重要的目的和输出结果都是规律总结。

规律包括两方面，一方面是认知，通过复盘，对于思考问题以及解决问题的方法有哪些心得，对于某些事物的认知有哪些心得。如果能够总结出普遍使用的规律性的东西，就能提升认知。

另一方面是实践，假如再次遇到类似的项目，我们应该怎么做？如果总结出规律，未来在类似的事情上一定可以做得更好，这就是"吃一堑长一智"，甚至是"吃一堑长三智"。回顾过去，是为了更好地面对未来。

用比赛倒逼输入，成长更快

　　这次糖糖音乐比赛，比完我就后悔了，后悔自己没有好好练练她的曲目，没有早一点多抓她练琴。这次是我最不重视的一次，截止报名的12点前我才踩点报了名，当时还只是因为姜老师推荐了，大家都不报我也应该报。结果今天所有的感受都特别好，无论是场地还是评委的专业点评，都让我后悔没有认真准备。

　　场地就是交响乐团的音乐厅，一进入就有了浓浓的专业氛围，让孩子们能立刻沉浸在其中。整场的组织策划也非常有序，关键是我一进去看到的钢琴竟然是贝森朵夫，一下就后悔自己没好好地让糖糖练练她的曲目，太愧对这台钢琴了。评委也都是特别专业大咖级的人物，还有现场点评环节，并且有送给家长的评语，一场结束后还可以跟评委合影。

　　比赛整体感非常不错，糖糖似乎也融入进去了，从上台到下台都表现得非常好。姜老师叮嘱过，上场前不要拉琴练习，没必要。想想确实没必要，只会给自己制造紧张感。

　　说到紧张，糖糖比赛，我比谁都紧张，紧张什么呢？绝不是紧张她拉得好不好，而是她肯不肯拉，肯不肯上台。毕竟去年她还是很抗拒舞台，所以这次比赛我也是诚惶诚恐。而且我也想通了，任何年纪，包括我现在都会遇到让自己紧张焦虑的情况，我们不该人为干预地去减少引起紧张的环境，而是教会孩子"紧张处处都有，但我们可以与它共舞"。

我的关注点从"下一个比赛或演出如何让糖糖不紧张"，变成了"把这一切当成学习机会，教会糖糖应对紧张的方式"。发生什么不是关键，怎么应对才是关键。任何孩子参与的事情，我们都需要提前告知、事后总结。孩子和我们一样，最怕的是不知道。而比不知道更可怕的是，她感知到了最爱的父母在为一个她不知道的事情而紧张焦虑。

回顾中尝试避免随意贴上负面标签，但同时也要记得不要给予不切实际的期望。不要马上就紧跟着说，"我们下一次一定不紧张，可以说话"，这句话看似是鼓励，其实是在给不切实际的期望，容易让孩子背上思想包袱。

我当时是这样告诉糖糖的，"失败很正常，每个人都会经历失败，没有失败，糖糖也学不会像滑滑梯、自己吃饭、自己走路这样的新本领。我们接下来还要去很多学校，去和其他孩子玩，去和糖糖不认识的老师玩。糖糖也许还会不愿意说话，这没有关系。等到糖糖觉得准备好了，想要认识他们时，糖糖可以自己决定和他们说话。"

糖糖从一次次舞台的失败，到现在被别人夸奖勇敢，正是我和爸爸的全然接纳，一步一步激发了她的勇气。

距离上次音乐会刚好一个月，有过"什么没做对，导致这次失败"的思考后，好好准备和练习了一个月。这次依然带着她可能不会上台的念头来到赛场，一个早晨后，我悬着的心终于放下了，糖糖不仅成功上台，表现得还十分有气场！赛段结束，同时就又开启了下一个赛段的晋级，于是我发了一个朋友圈以作总结。

这次做对了什么，取得了比赛的成功？

1.赛前的准备

服装：上次比赛，我因为自己的喜好给糖糖穿了一件我认为好看的裙子，孩子有自己的审美，参与的人是她，让她有感觉才会更喜欢。所以这次我们提前准备服装，让她每天尝试一件走台，直到选中她自己喜欢的。看似是选衣服，其实附加了彩排，每换一件衣服，我们都会像上舞台一样演出一遍。既满足了孩子找寻自己喜欢衣服的愿望，也满足了妈妈想多练几次的念头。

妆容：上次因为没有梳妆打扮，一下被同场小朋友光彩夺目的妆容打败了。这次早早梳妆打扮，还特意学习了盘头发。这次上台是涂着小红嘴，眼睛周围闪闪发光，头上戴着皇冠，像个小女皇一样上场了。漂亮的妆容，让孩子更乐意展示，舞台原本就该重视对待。

提早到场：之前都是卡点去到比赛场地，尤其记得第一次比赛，烈日炎炎下，我穿着高跟鞋抱着她狂奔到赛场，到了就已经要排队上场，没有给她一个准备的过程。这次我们早早到场，在台下看别人比赛，有了观摩和准备，她虽然还是紧张，但明显不抗拒了。

2.合适的曲目

上次音乐会选了一首我喜欢的曲目，而这首曲目糖糖才刚学，并且是首抒情的慢曲，所以在音准和情感上都是极难控制，曲目还不熟练。糖糖又是一个对自己要求很高的孩子，耳朵极好，如果音准不是她想要的，她就不愿意表现。

这次我们依然换了好几首曲目，有我喜欢的又是一首很难的曲目，可是我们没有太多时间练琴。所以对这首曲目的把握性跟上次一样，她拉完了，但也只是拉下来，并不能自如演奏。临近比赛，我决定放弃这首曲目，让她自己选自己愿意演奏的。

【能量加油站】

我们来回顾一下今天的关键知识点：

任何年纪，我们都会遇到让自己紧张焦虑的情况，我们不该人为干预地去减少引起紧张的环境，而是教会孩子"紧张处处都有，但我们可以与它共舞"。

学会转念，从"下一个比赛或演出如何让糖糖不紧张"，变成了"把这一切当成学习机会，教会糖糖应对紧张的方式"。发生什么不是关键，怎么应对才是关键。

持续行动，从知道到做到

巴菲特说："到目前为止，最好的投资还是投资你自己……投资自己是非常重要的，如果你能够对自己进行投资，没人能够从你身上把它抢走。"

"你应该选择与比你优秀的人为伍。当你与这些人为伍时，你会发现自己也在变优秀的路上了。"

和优秀的人一起主动进化，是我选择行动的方式，曾经在混沌课堂收获了很多Z时代的信息，知道做出符合"趣嗨美秀"的产品，才能找到新的立足点和符合新时代的需求。

什么是"趣嗨美秀"呢？

趣：代表好玩，有意思，活得有趣才是人性的最高境界，人最怕的就是无聊，趣代表着一种生活情趣。

嗨：代表兴奋。嗨是一种魔力，嗨代表着一种文化。

美：代表审美，社会发展到今天，人对美的追求从来就没有停止过，美代表着一种追求。

秀：代表炫耀，换来的是一种社交货币，彰显与别人的不同，秀代表着一种存在感。

回到我想做的成长营，是属于学生的产品，也是帮助家长去实现全新的家庭教育课程。用音乐的方式做家庭教育，解决练琴的痛苦，升级思维扩充认知，给大家一个更有趣的全方位感受，让我们的学生拥有核心价值观：有趣、乐观、善良，也能建立自己家庭生活里的愿景和使命。

艺中成长营的主体：乐器演奏、欣赏、沟通、演讲表达、写作、梦想、公益。围绕着这个主体，我们成长营的"趣嗨美秀"是什么呢？

趣：每一个环节趣味性的设置，话题够酷，内容够新，过程够有意思。

嗨：游戏的设置，让孩子们玩起来，让游戏力体现在不同年龄的互动上。

美：高质量照片的留念，有趣可爱的剪辑记录，审美的学习设置。

秀：反馈，让孩子们、家长们愿意秀出自己的心声、赞赏。

在这个成长营里，作为老师，我们与学生"同龄"，与学生"同频"，与学生"同行"。解决练琴输出问题，汲取新知识，加速成长，多维度发展。

通过不同形式的演奏，引导学生们的思考；

学生们一起欣赏音乐会并总结感受力，练习输出；

和学生一起看音乐类型的电影，让他们在电影中找到值得追求一生的梦想；

和他们一起讨论爱玩的游戏，设置我们想要达成一定目的的游戏，让学生从游戏中了解丰富有趣的知识；一起团队破冰，激发领导力和凝聚力的诞生。

我们不仅是师生，也能成为彼此最好的朋友，有时我们老师还是他们的人生规划师。引导并帮助学生和家长之间不再有隔阂与冲突，而是沟通与友好，这将是多么酷又值得去做的事情。

就这样，按照这样的打法，艺中艺术教育旗下的户外品牌——说走就走"JUST GO"自然而然就诞生了，我们主张为热爱艺术、喜欢运动的人打开更多好玩有趣的学习和生活方式，体验跨界的自然生活，一起尝试特别的事，发现新鲜玩法，认识有趣的人，打造后新型冠状病毒肺炎疫情时代全新生活方式。

带着孩子，走出家门，走进森林。每一次的跨界亲子活动、每一次的户外运动，都是孩子们最期待的。孩子才是自己学习和生活的主人，老师和父母只是他们的引路人，或者是见证人。我们无需过度参与，更多的是给予孩子们足够的自由，给予他们有效的支持和试错的勇气，带领他们踏进未知的领域，体验探索未知的乐趣。

旅途中，再多的困难，也会在同行小伙伴们的欢声笑语中，变得不值一提。每一次的成长，都会在父母的陪伴中变得更有意义。你陪着我疯狂，我陪着你长大，如同魔法般，不知不觉一切就发生了改变。孩子们就这样悄悄长大了，他们独立、自主、有爱、互助，他们热爱自己的亲人，身边的朋友和千变万化的生活，活得快乐、潇洒、自由。

这样符合"趣嗨美秀"的产品，家长和孩子喜欢，我们自己也很喜欢。不管是工作还是生活，帮助我们取得成功的并非"意志"而是"行动"。只有改变行动，才能改变一切。

当你想要实现某种目标，或者想要变成理想中的自己时，都应该把焦点放在行动上。只有行动起来，才会发现自己好的地方和坏的地方。至于改善的方案是否有效，是需要通过行动来进行判断的。

因为成功的关键在于行动，所以"人类的意志和感情"是靠不住的。最重要的是结果，而能够导出结果的只有行动，与意志无关。

【能量加油站】

我们来回顾一下今天的关键知识点：

如何能够不断成事？

第一，最好的投资还是投资自己。投资自己是非常重要的，如果你能够对自己进行投资，没人能够从你身上把它抢走。

第二，你应该选择与比你优秀的人为伍，当你与这些优秀的人为伍时，你会发现自己也在变优秀的路上了。

第三，和优秀的人一起主动进化，焦点放在行动上。

书，是我们用来好好感受快乐的

一次，会议上跟大家分享了一个作家吉竹伸介的绘本，这几天我和糖糖都沉浸在他奇妙又脑洞大开的世界里，《做个机器人假装是我》读了十几遍。一帧帧图画全部是围绕一个主题展开的脑洞，让人大笑的同时，又忍不住由衷钦佩：真有想象力！真幽默！所以糖糖只要说妈妈再讲一次机器人，我自己都乐颠颠的赶紧去拿书。

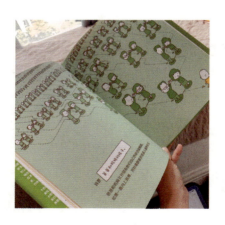

有些大师，不是什么权威奖项评出来的，而是孩子们自己选

出来的。因为他们总是站在孩子那边，用孩子的眼光去看待世界，用孩子的想法去感受生活。吉竹伸介就是这么一位孩子票选出来的大师，日本12万小学生评选的"我喜欢的童书"前10部作品中，他一个人的作品就占了4部。

　　我自己阅读完后也感慨，没有哪个孩子不喜欢吉竹伸介，他真的太懂孩子了。这里的"孩子"包括了"年龄上的孩子"以及"心里藏着的孩子"，我自己也会回想小时候有没有这样想过，唤醒了那个也曾是孩子的我，治愈了现在的我。

他的绘本不是告诉你人生道理，但这正是他最高明之处，即"无用是心灵的最高级之用"，吉竹伸介的背后有他自己系统的儿童观和儿童哲学观。

吉竹伸介的绘本内容让我觉得特别微小，但要传达的东西又特别博大，就是"小如芥子，大如须弥"，他能够举重若轻地去呈现一个非常细微的东西，但在这背后又潜藏了无穷生命力的儿童心灵。

就像简单的一个苹果，我完全想不到可以这么成为一本书，糖糖自己可以笑出声的对着这本书看半天。"这是……吗？也许……吧。"来自《这是苹果吗也许是吧》，孩子能从中感受到"自由想象"的乐趣，可以乐呵呵地读下去。

他的绘本，实在是焦虑生活的减压阀，烦恼人生的轻松剂。让每个看过的人，无论大人还是小孩，都能会心一笑，嘴角上扬，忘记生活的苦恼。

最近糖糖总是给我发明很多东西，有些看起来不可能，有些则引发我对实现后的遐想。我会模仿《我真的有理由》里的动作来跟糖糖互动，我模仿了她的行为，她哈哈大笑完后就说："妈妈这不是我，我不这样了。"瞧，游戏中的演员让真实的她愿意去改变行为，比我说教管用多了。

比如挖鼻孔、咬指甲、抖腿、扭来扭去、商场里来回跑、看到高的地方就要去、用吸管吹泡泡、咬吸管、手脏了往衣服上抹、在地上捡东西等，为了做自己想做的事，孩子说出最荒谬的理由是什么？看完书后，都可以在生活中跟她游戏起来，互动起来，演起来。

很多时候我们说陪孩子，如果不投入，都是假陪，孩子也知道你在假陪。所以一起玩的时候，要首先代入幼童时期的自己。孩子此刻正在玩的游戏，对她来说，就像你正在办的大事一样重要，因此无论你觉得游戏多幼稚，都尽量去进入自己小时候玩游戏的状态，一起投入体验游戏。

我会和糖糖用心地去捏一个橡皮泥，画一幅画，过程中一起编个我们幻想的人物故事。我基本上每次都用尽所有功力，玩到我们要一起小心地把那个橡皮泥和画粘起来，怕弄坏了作品，觉得很宝贵。这个时候我们会觉得我们是真正的好朋友，经历同样的故事，有同样的审美，互相了解，心灵相通。

投入、沉浸、屏蔽周遭，就是培养孩子感受心流时间最好的方式。

从孩子的角度来看，就更像是我们用书作为道具，和孩子玩的一个游戏，所以孩子当然会喜欢。当他觉得阅读本身就是一个快乐的过程之后，他以后读书就更主动，阅读体验也更好。

在孩子小的时候，最重要的不是他从书里面直接学到多少东西，而是他对书产生兴趣。那么，当他自己有兴趣的时候，我们就一定要注意保护和尊重。要让孩子觉得阅读是日常生活的一部分，而且是比较好玩的一部分，而不能把阅读当成是个特殊的任务。

　　我们来回顾一下今天的关键知识点：

　　在孩子小的时候，最重要的不是他从书里面直接学到多少东西，而是他对书产生兴趣。

　　投入、沉浸、屏蔽周遭，就是培养孩子感受心流时间最好的方式。

彼此的榜样

　　我曾经在艺中任职10年店长，现在是艺中离职但不过气的编外人员，定居在云南昆明的一位全职妈妈。艺中陪伴我度过非常重要的10年，虽说离开艺中已有4年的时间了，可是艺中精神一直在影响着远方的我。

　　2019年的一天，我突然被拉进由刘薇老师组建的艺中打卡群。在那段日子里，她不止一次向我伸出橄榄枝，邀请我一起参与挑战，但都被我一次次地拒绝了。我心中的想法是：刷手机的生活难道不好吗？何必要为难自己！

　　可是我又很好奇她们为什么这么执着，敢挑战维持3年多的天数。就这样，我既不舍得退群，又不愿意付出行动，默默地在群里待了将近400天。直到我看到刘薇老师在2020年7月2日那场演讲视频后，在视频这头的我泪流满面，激动万分。她一直是我的榜样，在舞台上的她更是闪闪发亮。这几年带着艺中团队快速地成长，尤其是她和女儿糖糖共同打卡的故事特别触动我。

　　这个时候我才明白她总说"要做生命影响生命的事"是什么

了。4年全职妈妈的生活让我的思想和行动严重脱节，我不想再这样下去。虽然不知道该如何改变，但好像打卡是最快能靠近她们思想的办法。

于是我开始和儿子一起打卡，在我们打卡的第91天，果果参加了昆明市都市时报第五届传媒新星小主持大赛。当时他只有3岁半，这是他人生中的第一场比赛。他表现得非常勇敢，给我的惊喜超过5颗星。虽然是我拉着他一起参与挑战的，但他却成了我的榜样。

现在打卡已经成为我和果果每天都必须完成的一件事。他从刚开始的懵懂、到中期的抗拒、再到现在的享受。而我也从以前看书就打瞌睡，变成现在养成爱看书的好习惯。为了把每天的稿件写得更丰富、有内容，从挑战打卡到现在，已经看了至少18本书，光复盘笔记就上百篇。

刘薇老师还把我写《黄金口才课》的读书笔记，发给了书的作者吴琼老师，收到了她特别大的肯定，还邀请我加入了她的蜜柚会，让我结识了一群爱看书的小伙伴。

打卡上果果是我的榜样，我也希望在看书上我能成为果果的榜样，他以后能成为一个"小书虫"。

在打卡过程中，我感受到了榜样的力量。无论是晋杭老师还是刘薇老师，他们都在自己的领域做着以身作则的事。是他们让我有机会通过演说打卡找到全新的自己，也让我和果果成为彼此的榜样。

世上有一句话，不是"我不行"而是"我本可以"。

影响力：教育是生命影响生命的旅程

>>>>>

不要温和地走进那个行业

　　当我公布：我要把曾经教过的学生全部召回。所有人都不约而同地问我：为什么组织聚会？他们都已经不学琴了还会回来吗？你能找回所有人吗？

　　你们只有这3个问题，而对于我这个组织者来说，内心可是带着这16年的记忆，时时刻刻都在翻滚着无数个问题。这个暑假收到了几位高考学生考中心仪院校，即将开始人生新征程的好消息，又在朋友圈里看到航航、桐桐、思敏、荣华，这些我当年最后一批学生，也即将迈入高中。时间一下把我拉回过去，他们来时可都是幼儿园的年龄！

　　回头一看，我已经在这里16年了，除了他们，其他学生你们都在哪儿啊？脑海中定格的画面全是孩子们小时候还在学琴的模样，这么多年过去，我的那些孩子们都多大了？在哪里？现在的状态又是什么样？我越来越想知道，于是尝试连线一个学生。

　　我："雅晴，你有想过刘老师会再和你们相聚吗？"

　　雅晴："想过啊，只是现在不想了。"

　　我："为什么？"

雅晴："以前经常想，刘老师什么时候会找我，叫我们回去？我甚至做梦都想有这种聚会的场面。可是这几年已经不想了，因为我觉得大家已经完全失联，都不知道毕业后去了哪里，聚会？不可能了。"

听完她的答案，我瞬间充满了力量，要聚，必须聚，立即聚！因为6年前的那场离开，我要给我的孩子们一个交代。

在那个没有智能手机、没有微信的年代，分开了可能就再也没有了消息。在16年记忆里翻找和寻娃的沟通中，那几天我就像雕像一样坐在那里一动不动，从早到晚抱着手机、电脑，边找孩子边找照片，一会儿沉浸在回忆里，一会儿又收获着他们现在的近况，虽然眼睛很累，但每天的心情都十分开心，每得到一个回复就加速了我寻找下一个学生的动力。

就这样一个、两个、三个……找不到孩子就找父母，找不到父母就找她们的朋友，最终72个学生全部联系完毕，每天都抱着一个都不能少的信念，直到活动前一天，我的梁思骐才被找到，看到他和妈妈迫切想参加的回复，我对自己说：还好一个都没漏！

找到了人就要找时间，具体哪天聚会呢？有北京、有贵州、有成都，还有香港封关的、国外无法返回的，孩子们真的都已经分布在五湖四海，想要全员到齐已然不可能。但我知道能来的都会来，不能来的我也欣慰你们能在天南海北努力学习、认真工作，虽然大家都不再弹琴，可是我和音乐的印记从未被大家遗忘。

从寻找到活动如期举行，我们仅仅用了13天，真有一种一声令下汇聚艺中的神速，当年的8月22日，我们见面了。来到现场有1/3高中生、1/3大学生、1/3已参加工作的学生，从决定要聚会那天我就在想：跟你们聊什么？以前是你们的老师，我们弹钢琴、讲音乐，现在你们都有了自己的学习选择，甚至90%都没有在音乐领域里，我们的聚会除了叙旧还有什么呢？

我想到了自己，我那一年中断了给你们授课，这几年也不从事教学。我到底在做什么？答案是学习，学着找梦想！

孩子们，你们有梦想吗？除了练琴、练鼓，除了学习、考试，除了工作、生活，什么是自己的梦想？梦想重要吗？而梦想到底有什么用？很多人会觉得梦想离自己太遥远，梦想就是空想，自己也不知道自己能有什么梦想。

2014年，我经历了人生中最迷茫的时期，是选择留在安稳的大学里继续教书升职？还是每天都待在琴房里从早到晚的教课？或是去拓宽自己的知识领域和人生格局，选择深造？直到我重启了我的梦想按钮，答案出来：我辞职，选择继续去深造，踏上了寻找梦想之路。

一直以来我的梦想是开一家钢琴中心，而在我有这个梦想时，还只是刚刚大学毕业走出校门。如果我只是"想"，很多教钢琴的老师都会有这样的愿望。如果我不行动，那这个"想"可能只会出现在我的梦里。时间久了，梦想这个词只能离我越来越远，直至我也不相信所谓的梦想能成真。

16年的向下扎根、向上生长的过程在证明，我一直在朝着这个方向迈进。从2004年的个人工作室，到2006年艺中的前身银湖艺术培训中心，再到2008年艺中琴行诞生，进入2012年搬迁升级为艺中艺术教育，又打磨了整整6年，在2018年有了今天的艺中旗舰店。

而经常看我朋友圈的人已经知道，其实从2020年开始，我称呼艺中不再是艺中琴行，而是艺中琴童学院。如果不是新冠肺炎疫情，这个官方消息将面向所有媒体、家长、学生做正式发布。

一场让全世界都慢下脚步的新冠肺炎疫情，让这个消息也暂时存放起来，但存放不代表消失，接下来的某月某天它还会如约而至。所以我的钢琴中心梦想已然在现实中清晰可见，只是现在的它比我当初的梦想还要大，因为它不仅仅是一家钢琴中心，而是一所琴童们都可以找到自己所学专业的中心。让每一个走出塘厦学乐器的孩子都能自豪地说：我，从艺中琴童学院毕业。

当年对梦想的选择，让我专注去学习各个领域的知识，也让思想的深度、人生的格局不断再提升，影响到更多老师留在艺中、留在这片土地上扎根教育，从而培育出更多艺术人才。

感恩这16年所走的路，每一步都算数。音乐曾是我的热爱，但是热爱不是我们生命之外的东西，而是我们费了多少力气把它变成我们生命的一部分，不是音乐给我带来了多少次的愉悦，而是我为了它投入了多少次的自我约束。

以前我用琴声陪伴你们长大，希望以后能用影响力继续陪伴你们成长！因为我深知要想让学生有梦想、有影响力，我自己要先活出个榜样。

哪位当教师的不希望学生成为自己的骄傲？而我要想让你们

成为我的骄傲，必须先要你们以我为傲！创造影响力的方式有两种，一种是演讲，一种是写作。

在演讲的道路上，我已经突破自己而站到了未来演说家舞台上，面对千人进行演说，让更多的人知道刘薇、知道艺中、知道你们。因为我要替企业发声，要让更多人知道艺中的使命、愿景和价值观，是做专业的课程、创造好的音乐氛围、做有希望的事业、成为年轻人的榜样，做着眼于未来的教育！

同时我也要大声告诉孩子们，刘老师要在1000天后出版一本书。为什么写这本书，正如刚才我们一起回忆的音乐旅程，我想给大家一份生命的礼物，你们都在我的故事里！而我现在为了实现它，已经坚持每日写作439天，在写书的道路上我已经完成了1/3，只因我的老师对我说：期待你的书！

教育是生命影响生命的过程，这一切都是因为我有一个榜样老师——许晋杭，他在不断鼓励我、督促我前行。他的第一本书《梦想永远不会太晚》给了我动力，让我跳出了迷茫期。《演讲力：

掌握人生关键时刻》，他的这本最新书籍是我觉得最适合送给你们的礼物。面对现在纷繁复杂又残酷竞争的世界，孩子们，你们要具备说的能力，让好口才为你的精彩人生保驾护航。

我会用文字，记录下你们每一个人的音乐旅程和梦想！因为这个故事一旦开始就会一直延续，我们约定好朝各自的梦想出发，音乐是我们的起点，成长是我们的终点。把你们都找回来了，我会继续陪伴你们，这一路我们都要成为彼此的骄傲！

【能量加油站】

我们来回顾一下今天的关键知识点：

爱好，不是我们生命之外的东西，而是我们费了多少力气把它变成我们生命的一部分，爱好不是给你带来了多少次的愉悦，而是我们为了它投入了多少次的自我约束。

通过不断的持续行动，我们要把自己活成榜样，因为教育是生命影响生命的旅程。

让厉害的人成为你的杠杆

遇到了对的人，心甘情愿被收编，喜欢李善友教授的课，因为李善友教授做教育，是想要成就中国能有自己斯坦福式的大学。那么多高人愿意来混沌当老师，都是因为这宏大的愿，所以，大梦想收编了小梦想。

同样是有钱，炒房和做企业哪个更受尊重？房子只是钢筋水泥，而企业却可以广聚天下英才。做教育就是把英才变得更多，让这个社会变得更好。

一次在听宗毅老师分享时，有三点都让我立即想到了晋杭老师。

1. 选择学习

宗毅老师说他自己没上过幼儿园，厂办小学毕业，新疆上中学，二本大学毕业，这又怎么样？人生没有起跑线，学习是最好的投资没有之一，他的进步史就是一部一定要和比自己更厉害的人，一起学习、做事的历史。

因为他之后读的是中欧EMBA（高层管理人员工商管理硕士）、混沌学园，他说只要肯学习，你就是走在变厉害的路上，越来越厉害。前面学的都不算，只要不放弃学习成长，后面学的才叫优秀。永远不要停止学习，越往后学习的地方越厉害。

许晋杭老师已经是知名讲师，可是他每年在自己学习提升上是最舍得的花销。优秀的人大都如此，柳婉琴老师也在不同学习维度上提升，学是为了更好的教以外，还让自己越来越有价值。

2. 选择工作

什么是好工作？好工作只有一个维度：成长。工作是你的第一曲线，原始积累靠第一曲线，而第一曲线让大家看到你的人品。宗老师说工作很重要，因为你无论做什么都要有原始积累。不然前面没见识，本钱也不够，你做什么也不能成。

许晋杭老师的第一曲线就是LadyBoss的讲课，这是他的工作，所以无论外界多少诱惑，他的前提就是把本职工作做好。而图书出版活动就是他的第二曲线，把他带到更高处，制造更广的影响力，可他不论外面取得了多大成就，依然回来夯实自己的第一曲线：讲好LadyBoss的每一堂课。

这个第一曲线让柳婉琴老师看到了他的人品，也就是让每一个他生命中的贵人看到了他的人品，为他积累了更多可能突破的破局点。

3. 选择老师

什么是好老师？向思维和行动维度更高的老师学习理论结合实践。一定要跟厉害的人在一起，让他们成为你的杠杆，而线下学习是最快结识高人的方法之一，每一次学习都是聚集一帮高认知的人面对面交流。因为最好的学习是讨论，顶尖高手一句话就能够点醒你。

线上学习这段时间，让我看到了商界的各个大佬，让我深深感受到和顶尖高手学十之一二远远好过和一般高手学十之八九，混沌又打开了我另一个世界。

跟一个好老师要深度沟通，浸泡式学习。许晋杭跟着游本昌老师一跟就是5年，完全浸泡式待在老师身边，《梦想永远不会太晚》就是最好的收获。比做什么事更重要的是找对做事的人，他现在跟着劲霸男装的董事长洪忠信老师学习，又进入了另一个圈层。

而我选择跟着许晋杭老师学习，就是因为他就是好老师。许晋杭老师自己的思维和行动维度全用在实践和刻意练习里，这2年的成长简直堪称神速。要跟着那些不年长，肯创新，有思维模型，是细分市场龙头的人学习，不要在乎什么时候开始，但一定要长期坚持。

人生第一定律：选择比努力更重要。而人们往往忘记了那些成功的人是因为后面还有一句更重要的话：选择之后付出不亚于任何人的努力。

【 能量加油站 】

我们来回顾一下今天的关键知识点：

一定要跟厉害的人在一起，让他们成为你的杠杆，而线下学习是最快结识高人的方法之一，每一次学习都是聚集一帮高认知的人面对面交流。因为最好的学习是讨论，顶尖高手一句话就能够点醒你。

和顶尖高手学十之一二远远好过和一般高手学十之八九。

像水一样，争的是"滔滔不绝"

很多人走上学习的道路后，最大的焦虑就是怕自己没学到，学太少。李善友教授说："成年人学习的目的，应该是追求更好的思维模型，而不是更多的知识。在一个落后的思维模型里，即使增加再多的信息量，也只算是低水平的重复。"

这也是许晋杭老师一直在教导我们的，要有思考能力，要有思维，思维才决定行动。

混沌学园这个场域的同学气场都太强大，这份强大来自实力和学历。其他领域同学有多成功，我只能心里默默赞叹，只有教育领域的同学能让我有一丝熟悉。比如IBOBI国际教育，创始人是第五期的学员，这次来学习的是校长和运营总监。给我的感受是团队都很年轻化，海归派为主。

记得糖糖刚出生时我还去看过他们那里，当时是一家早教中心，4年的时间，早教中心分布在各个区的高端商圈里，还有3家国际幼儿园和一所游泳馆，发展得十分迅速。

再比如向日葵妈妈，我点开它的公众号，我还没关注就显示我有85位朋友关注。去年新冠肺炎疫情4个月就做了5亿的成绩，现在已经在排队上市了。这是一款什么产品这么好做？用教育界的淘宝来形容最容易懂。火花思维、叽里呱啦、凯叔、常青藤爸爸这些耳熟能详的线上课程都在跟它合作。

它不做内容输出，用分销、裂变模式做流量变现。向日葵妈妈还在做在线素质教育。

向日葵妈妈创始人给了我很多好的意见，尤其是如果再关闭线下我该如何应对，还介绍了很多好的资源给我。每一次他上去做案例分析能一下打通我好多思路，线上是我们的短板，我自己的认知一定要提升。

再比如，里永蛋糕西点面包烘焙培训学校，这个学校我知道，糖糖有参加过几次烘焙体验都是他们旗下公司做的活动。深圳烘焙界的龙头老大，六所烘焙学校，都是法国老师上课。可是新冠肺炎疫情期间遭遇重创，一是师资断链，二是全民开始在家做烘焙。宅家那段时间我带糖糖做了面包和溶豆，尤其是短视频的火爆让线下烘焙更是受限。学校创始人是来解决问题的，如何创新如何找到自己的第二曲线。她给我的收获就是，带着问题来学习和扩充自己资源，在混沌很快就解决。

开课前专门有半天是团建，让小组成员和班级成员深度连接。老师一个知识点讲完就开始小组讨论，每一个人讲解完，大家开始提问。混沌考核时还专门有一个"开放度"检查，我第1天只给自己打了2分，我不善于社交真是根深蒂固，可是随着3天课堂练习和接触，最后一天我打了7分。

不断感受同伴学习的力量，流水不争先，争的是滔滔不绝。

长期主义不仅仅是一种方法论，更是一种价值观。孩子也是一样，必须学习新的思想和技能，如果孩子只向父母学习，他就无法了解更多的新思想。如果孩子向同伴学习，他们学到的知识可能更契合变化中的新环境。

【能量加油站】

我们来回顾一下今天的关键知识点：

不断感受同伴学习的力量，流水不争先，争的是滔滔不绝。长期主义不仅仅是一种方法论，更是一种价值观。

最美的相遇，是与身边人共同进步

不断学习成长，一直是我向团队传递的价值观，分享一篇曹姝玮老师的学习感悟：

6月23日，我前往法拉古特国际学校东莞校区，参与了混沌学园广深分社举办的创新人才与创新教育论坛。

这是第一次感受混沌学园线下的场域，恰好项目与我们自身也有密切的关系——教育。

来到法拉古特东莞校区的第一感觉：这里的理念与混沌的理念非常同频，你可以在任何地方看到他们的校训、使命、理念与愿景。整个游学氛围有四部分：主题分享、成长论坛、校区参观、最后用餐。

写这篇感想之前，我一直在思考，该从哪个版块去入手，写我内心最强烈的感受。最后决定，先从介绍这家学校入手。带我们参观环境的，是今年刚刚毕业，分别被俄亥俄州立大学、雪城大学、康涅狄格大学、罗格斯大学等学校录取的应届G12毕业生。据说，他们是前一天在书院长朋友圈里了解到第二天会有人来学校游学，自发组织从各地回来当志愿者，无培训直接上岗的。

在Lisa、Sky等同学的介绍下，逐渐发现这所学校与众不同的地方：

第一，走在国家教育要求之前的"项目式学习"。目前教育局也要求了公立学校加入这一项。通俗一点来说，就是做课题研究。

创校人郝雯老师举了一个例子：某天有位同学找她聊天，说自己睡不着觉，于是"睡眠"就成了这一期PBL（基于问题的学习）的主题，全年级的同学被分到不同课程里去做这方面的研究。

从生物学的角度来看，大脑是如何运作让生物进入睡眠的？睡眠的意义是什么？

从社会学的角度来看，人为什么需要睡眠？不睡觉，对社会有什么影响？

从化学的角度来看，安眠药是怎么诞生的？它的作用机制是什么？

……

如此，当整个年级完成了一个共同的课题，大家对于"睡眠"这个课题就足够了解。且每个年级都会遇到不同的课题，这些课题也都全部来自学生的生活。

法拉古特学校参观

第二，学校设立书院自治。先前创校人的主题演讲，自己通过公众号有过了解，我一直不明白，什么是书院自治？参观一圈校园后，你可以把"书院"类比为霍格沃兹的四大学院，在这里，按照校训，分为"诚义""创信""智律""礼韧"四个书院。

所谓"自治"，就是自己管理自己，无论高低年级，只要我们是同一个书院，就可以一起花心思来制定我们的制度、装扮我们的公共休息室。

当毕业生们介绍起自家书院的休息室时，那种属于当代青年独有的少年意气，是非常动人的。"这里的沙发是我们一起选的，别的院的同学也喜欢来蹭""他们这间装扮没有那么有烟火气，走，来我们书院看一看"，很显然，这里让学生们非常有归属感。

第三，学校师生共治。晚饭期间，我们和书院长之一、招生办的王星皓老师进行了讨论。我们了解到，第一批毕业的学生们有来自东莞、广深、汕头甚至更远的西安、北京，带我们参观的Lisa同学来自马路对面全东莞最难考的高中——东华高级中学。

这批孩子在刚刚入学的时候，依旧是"听话的"、思维不太敢发散的，老师要求什么就做什么。慢慢地，当学生们感受到这里与之前的校园完全不同时，他们也开始了"反抗"。

比如认为这条校规不合理，那就全校师生在一起共同讨论出新的校规（全部学生加起来有30多名）；喜欢音乐的孩子发现学校没有校歌，那就大家一起创作一起写曲作词；每一个教室都有不一样的"规定"，全部都来自"师生共创"且全票通过。

在这里允许学生"突发奇想"，当你的思维不属于眼下这个课堂，我们可以先把它记录在这节课的"停车场"上，课后一起研讨，看看是否能够成立一个新的PBL项目。这所"升学率100%"的名校，与众不同的地方还有很多，那么为什么会如此的"特别"呢？

郝雯老师在主题分享的开始，讲了一个刚刚发生的故事：

一个志愿者学生在后台的音控室，突然起身，老师问他去做什么？

他说手有点脏，去洗一下。

接下来的举动是：在左边右边各有一个门的情况下，这个学生翻了窗跑出去。

老师问了在场的人：如果是你身边的孩子发生了这个情况，

你会说什么？

大概率是：有门不走，你为什么要翻窗？没规矩！

但出于孩子的角度，他看到的是：左右两边的门，无论走哪一边，都会影响到在场听课的人，而翻窗出去，窗户的位置在听众的视野之外，不会影响到整个讲座的氛围。

当我们更深一层去看孩子的底层逻辑，你会发现，他们往往都是正确的，只是表现的方式与成年人的思维不一样。

而这个不一样，很有可能就是大人们眼中的"不听话"。

这所学校的创校人也好、书院长也好，他们的共同理念，就是"致力于培养具有感知力和思辨能力的自我引领者与终身成长者"。郝雯老师的一句话，点燃同是做教育事业的我：

不带评判地去倾听孩子的声音。尊重、接纳、不评价。这是法拉古特目前正在做的事，也是我认为在教育中，教育者应该去做的事。

除此之外，几位大咖的主题分享也让人收益颇丰。最有感触的，来自混沌学园广深分社社长——宗毅老师的"以任务为导向，还是以目标为导向？"

宗毅老师举了一个自己的例子：他需要在一个场合中表演钢琴，时间只有一个月，于是找到我们的刘薇老师，想在这一个月内学会弹这一首曲子。对这样地位、身份的人来说，他只需要会这一首曲子就可以了，这就是以任务为导向。

代入到我们自己的例子：今天我要邀请学员和家长来参加活动或者讲座。

以任务为导向的做法就是：我会通知每一个学生家长，让他们知道有活动有讲座这件事，但对方是否参加，我不在乎，因为我的"任务"已经完成了。

当我以目标为导向时，我更在乎我通知完家长后的反馈，他们是否来参加，我需要做什么让他们来参加。

上周在前台，我及另一位顾问和一位琴童妈妈据理力争：你家孩子就是"别人家的孩子"，就是独一无二的，不要总看别人，别让自己太焦虑。这位琴童妈妈看到某位朋友家的孩子学琴3年就可以考10级，而自家孩子学了5年才考6级。

如果换到现在，我会问她：那么您是为了什么而让孩子学琴呢？

如果是以"考10级"这个任务为导向，那么我们完全可以从现在开始，不学其他内容，专攻10级的考级曲，孩子学完之后就去考10级，暑假过不了寒假再考，一定能用比现在更快的速度拿下10级；

但如果你是为了让孩子感知到音乐带来的快乐，又或是让她多一个可以寄托自己情感的地方，那我们就要时刻记得这个初心，记得我们是因为什么而出发。

别人家孩子3年考10级的例子，就是出来迷惑我们，让人忘记初心、忘记此时此刻为什么而出发的烟雾弹。

尊重、接纳、不评价。永远记得你是为什么而出发，只有上路，才会有故事。

我们来回顾一下今天的关键知识点：

尊重、接纳、不评价。

曾看过小说中有一段经典台词，对人性这个复杂的东西诠释得很准确：

"你之前觉得人性本善，那不见得对，如果这样的一件事就让你觉得人性本恶，那也只能说明你的狭隘。人性混沌，无善无恶，但它并不坚定，易受诱惑，会变成什么样子，要看外力。"